JN012208

「神回答」大全

真山知幸
Tomoyuki MAYAMA

人生のピンチを乗り切る
著名人の最強アンサー100

小学館

はじめに

人生の風景が変わる言葉――。

「名言」の定義について聞かれると、私はいつもそう答えている。その言葉に触れる前とあとで、まったく状況は変わっていないのに、気持ちをまるで変えてくれる。それこそが「名言の効用」だといえるだろう。

仕事やプライベートにおけるさまざまな悩みに対して、名言をクスリのように処方できれば、暗いトンネルにも光が差す。名言を通して、当たり前すぎて見落としていた、日々の小さな幸せに気づくことも珍しくない。

そんな名言には、２つのタイプがある。「一人の思考から生み出された言葉」と「会話のやりとりから発せられた言葉」だ。後者こそが、いわゆる「神回答」と呼ばれるもので、ときには本人も意図していない言葉さえ生まれることがある。

「神回答」の魅力は何といっても「即興性」と「化学反応」だ。その場で、すぐに出された言葉がゆえに本質を容赦なくえぐる言葉もあれば、相手がいるからこそ、誤解を招かないように逡巡《しゅんじゅん》する様が現れる優しい言葉もある。

本書は、俳優、タレント、スポーツ選手、アーティスト、研究者、お笑いタレント、作家、マンガ家、将棋棋士など、多岐《たき》にわたるジャンルにおいて、一線で活躍する人々の「神回答」を収載した。数多くのメディアで取り上げられた有名なフレーズから、知られざる絶妙な切り返しまで、100の神回答を集めて、8つの効能別に章分けを行っている。

「自分の人生がうまくいっていないのではないか」「過去を振り返っては後悔ばかりしている」と、落ち込んでしまうときは、第1章の「心がスッと楽になる『神回答』」で、まずは気持ちを落ち着かせよう。

もう少し具体的に問題を解決したいときには、第2章の「人間関係を円滑にする『神回答』」が参考になるだろう。ストレスの多くは人間関係から生まれることを思えば、「どう発想を転換するか」が重要となる。

困難にぶつかっていく勇気が必要ならば、第3章の「心が奮い立つ『神回答』」がおすすめだ。魂を揺さぶる言葉が、忘れかけていた情熱を取り戻してくれるはずだ。

自分ではなくて、相手に勇気を与えたいならば、第4章の「相手に寄り添う『神回答』」を取り入れてみてほしい。第5章の「視野が広がる『神回答』」とあわせて活用すれば、相手にとっても自分にとっても、大きな世界に目を向けるきっかけになるはず。

会議や会合などで役に立ちそうなのは、第6章の「雰囲気を解きほぐす『神回答』」だ。議論でイニシアチブをとりたいならば、第7章「切り返しで相手を圧倒する『神回答』」を応用してみてはどうだろうか。

人生を豊かにするのが、第8章の「相手のイメージを膨らませる『神回答』」である。世界を俯瞰《ふかん》することで、日々の楽しみ方が変わってくると気づかせてくれる。

最終章にはレジェンド入りしている歴史上の人物の神回答を紹介した。歴史を揺るがすスケールの大きい切り返しや、胸がスッとする反撃を楽しんでもらえればと思う。

このように9つの角度から「神回答」を収載したのが、本書である。思わず人生に絶望してしまうとき、ピンチに追い込まれたとき、気分がうつうつとしたときはもちろんのこと、人生の楽しみや言葉の奥深さを味わいたいときは、本書がきっとあなたの役に立つと確信している。

本書の「神回答」を噛《か》み締めながら、ぜひ、あなたなりのオリジナルな「神回答」を見つけてみてほしい。それはあなたの人生観が凝縮された言葉として、迷い悩んだときに人生の指針となることだろう。

真山知幸

#「神回答」大全 目次

第1章 心がスッと楽になる「神回答」

第2章 人間関係を円滑にする「神回答」

第3章 心が奮い立つ「神回答」

第4章 相手に寄り添う「神回答」

第5章 視野が広がる「神回答」

第6章 雰囲気を解きほぐす「神回答」

第7章 切り返しで相手を圧倒する「神回答」

第8章 相手のイメージを膨らませる「神回答」

最終章

歴史に残る「神回答」

※引用元は原則として本文中に明記しましたが、本文中に入らなかった詳細は巻末にまとめて掲載しました。

※本書に掲載の人物名は敬称略とさせていただきました。

第1章

心がスッと楽になる「神回答」

神回答
1

子育てはすべて失敗します。子育ては必ず失敗するためにやっていると思って下さい

武田鉄矢（俳優、歌手）
テレビで子育てについて悩む女性への回答として（出典：「74歳・武田鉄矢『子育ては失敗します』悩める母親へのド正論回答『泣いた』『刺さった』トレンド入り」スポーツ報知、2023年7月19日／本文のコメントも同出典）

俳優で歌手の武田鉄矢《たけだてつや》は2023年7月19日、フジテレビ系「ぽかぽか」に出演。相談者は、息子の就職先について「本当はもっと別の道に進んでほしい」という思いがあり、どこまで介入するか悩んでいるという。

それに対して、武田は冒頭のように断言。理由として「子は親を裏切るところで道を作

っていく。親と思うことと違うことを子がやり始めたら、お母さん、あなたの子育てがうまくいってる証拠です」と説明し、SNSなどで話題を呼んだ。

武田自身もかつて「フォーク歌手になりたい」と母に打ち明けたところ、母は背中を向けたまま「1年ぞ」とだけ答えたという。そんなエピソードを明かしながら、こう続けた。「どう考えたって99％失敗なんです。それを1％だけでもいいからやってみろって言ってくれるのは、あの時に地上に母1人しかいませんでした。この1％でもやってみろっていうところ、それが親なんです」

子どもが言うことを聞かないのは、自立し始めているから。そう考えれば、親の心もスッと軽くなる。武田は「子育てで成功した人は、ろくな人じゃありません」とまで言っている。ドラマ「3年B組金八先生」（TBS系）で熱血先生を演じただけあって、説得力がある。

親として子どもをちゃんと支えられているだろうか――。そんなふうに自信をなくしてしまう夜のために、子を持つ親が心に刻んでおきたい「神回答」である。

「失敗してもいい」ではなくて「むしろ失敗しなくちゃいけない」というメッセージが斬新で、かつ、心に響く。

神回答
2

オレはね、後ろ向きに歩いていても前向きなんだよ。プロレスのロープみたいに、逆に行くときは前に行く過程であると

ビートたけし（お笑いタレント）
CM発表会で「前向きになるために行うことは何か？」という質問に対して（出典：「たけしの“前向き発言”に感嘆の声」ナリナリドットコム、2017年9月6日／特記のない本文のコメントも同出典）

ビートたけしは、2017年9月6日に都内での「WONDA新CM発表会」に出席。「前向きになる方法」について問われたときに放った神回答がこれである。「前に行こうと思えば、反動をつけないと前に行けない」からだ。あとにこう続けた。

「だから、ひどい目に遭ったときは良いことがある前兆だと思わないと。非常に図々しい

考えだけどさ……映画が当たらないとか、テレビがダメになったとか、あとは上に行くしかないんで、それは良いことのきっかけの〝エクスプロージョン［爆発］〟の前だと」

雨の日ばかりは続かないと頭でわかってはいても、暗いトンネルのなかにいるときには、なかなかそうは思えない。ずっとこの状況が続くのではないかと思い悩んでしまっても無理はない。つらい時期が過ぎ去るのをただ待つのも、精神的には堪《こた》えるものだ。

そんなときこそ、この言葉を思い出して、プロレスのリングに張られたロープをイメージするとよいだろう。マイナスが大きければ大きいほど、プラスの方向にも、それだけ大きく飛び出していくことができる。

同じ意味の言葉として、ｉＰＳ細胞の研究でノーベル賞を受賞した山中伸弥《やまなかしんや》による、こんな名言もある（『山中伸弥先生に、人生とｉＰＳ細胞について聞いてみた』山中伸弥・緑慎也著、講談社、２０１２年）。

「高く飛ぶためには思いっきり深くかがむ必要があるのです」

不幸や挫折は成功の前触れ。そうとらえられれば、険しい道のりも楽しめるだろう。

動きをイメージさせる言葉は、相手の行動をより喚起しやすい。失敗続きでも、前向きなアクションを起こしたくなるような神回答。

神回答
3

（豊かな人生とは）後悔がたくさんあること

羽生善治（将棋棋士）
落合陽一との対談で（出典：「WEEKLY OCHIAI　天才・羽生善治の本質」NewsPicks 、2022年4月20日／本文のコメントも同出典）

あのときに異なる選択をしていれば、自分の人生はもっと違ったものになったのではないか——。

言っても仕方がないことだとわかっていても、過去の行動をつい思い返しては、後悔してしまう。そんな夜が誰にでもあることだろう。

「選ばなかった道」に思いを馳《は》せて空《むな》しくなったときに、思い出したい神回答がこれだ。

この言葉は、将棋棋士の羽生善治《はぶよしはる》が、メディアアーティストの落合陽一《おちあいよういち》との対談で「羽生さんにとって豊かな人生とは？」と問われて、答えたものだ。

なぜ、後悔が多い人生のほうが豊かなのか。羽生はこう説明する。

「いろんな分岐があって、こっちが良かったかなとか、そういうのがいっぱいあったほうが充実してる」

常に「この局面では、どの手を選択するべきだろうか」と思考を巡らせる棋士ならではの言葉だろう。

言われてみれば、「後悔している」ということは、行動を選択する余地があったということ。選択する場面が多いほど、どうしても後悔は多くなる。

「あのとき、ああすべきだった」と、後悔してしまうときには「それだけ豊かな人生を歩めたんだ」と発想を転換してみよう。


「後悔が多い人生」＝「選択肢が多い人生」と気づかせてくれる言葉。全力で生きれば、迷い、葛藤し、後悔するのが当然ともいえよう。

神回答
4

それ以上速く走ろうとするのではなく、走りを安定させることに集中するべきだ

ウサイン・ボルト（陸上選手）
桐生祥秀へのアドバイスとして（出典：「【全てのアスリートに捧ぐ】ウサイン・ボルトからのメッセージ」TBS陸上ちゃんねる【公式】、2022年7月10日／本文のコメントも同出典）

「人類最速の男」と呼ばれる、ジャマイカの陸上選手ウサイン・ボルト。

２００９年のベルリン世界陸上では、陸上男子１００メートルで９秒58の世界新記録を打ち立てたかと思えば、２００メートルにおいても19秒19の世界新記録を樹立した。

２０１３年11月、ＴＢＳ系の報道番組「ＮＥＷＳ23」では、そんな世界最速のボルトと、桐生祥秀《きりゅうよしひで》選手との対談が実現した。当時洛南《らくなん》高校３年生だった桐生は、１００メートルで10秒01を記録。日本国内の競技会での日本人最高タイムを叩き出した。

ぶっちぎりで１位となったレースの動画を二人で振り返ると、ボルトは「君は良いスタートをしている」としながら、フィニッシュ時の課題について言及した。

「トップスピードに乗れば、それ以上は速く走れない。君はフィニッシュ直前でまだ加速しようとしている」

フィニッシュ直前はもっとリラックスするべきだとアドバイスしたボルト。桐生が「トップスピードを上げる練習をしたほうがよいですか」と尋ねると、「それは違う」と即答。「多くのスプリンターはトップスピードに乗ると、そこからさらに加速しようとしてフォームを崩してしまう」として、冒頭の言葉を続けた。

トップスピードに乗ったら、あとは安定させることに集中する――。桐生が日本人初の１００メートル９秒台をマークしたのは、この対談から４年後、２０１７年のことである。

仕事も「早く終わらせよう」と思うと、逆に時間がかかってしまうことがある。大切なのはフォームを崩さないこと。気持ちが急《せ》いたときのために覚えておきたい神回答だ。

神回答
5

私の仕事の大半は睡眠中に行われています。8時間睡眠は必須です

オードリー・タン（プログラマー、政治家）
名案が浮かぶのはどんなときか質問されて（出典：「デジタルの力で台湾を変えたオードリー・タンに、"これからの時代を生きるヒント"を聞いてみた！」TBSラジオ アシタノカレッジ、2021年9月2日／本文のコメントも同出典）

2020年に新型コロナウイルス感染症が世界中の国や地域で拡大するなかで、台湾のデジタル担当大臣、オードリー・タン（唐鳳《とうほう》）が一躍脚光を浴びることとなった。

オードリー・タンは、プログラマーとして若くして成功すると、早々とビジネスからリ

タイヤし、35歳で台湾における史上最年少の大臣となった。

コロナ禍では、テクノロジーを駆使して「マスク配布システム」を構築して、買い占めができない仕組み作りに貢献。新型コロナウイルス感染症の封じ込めに成功し、「台湾の天才」としてその名を馳せた。

TBSラジオによる独占インタビューに応じたオードリー・タン。リスナーからの「どんなときに名案や考えが浮かびますか？」という質問に対して、答えた言葉がこれだ。

7時間しか寝られなかったときには、昼寝を1時間してバランスをとるという。8時間睡眠にこだわる理由について、次のように明かした。

「起きているときは、すべての人の声を聞き、すべての側の意見を取り入れているんですが、実際にそれをまとめる作業は睡眠中に行われています」

著書『オードリー・タンの思考　IQよりも大切なこと』（ブックマン社、2021年）では、寝る前に解決したい問題の資料に目を通しておくと、「翌朝起きた時には答えが出ている」とも。


睡眠の大切さは誰もが実感しながらも、「非生産的な時間」だと考えがち。むしろ睡眠こそが問題解決の原動力になるという神回答。

神回答
6

僕はあれ（多趣味と）自分では絶対言わないんですよ、なぜかというと挫折の歴史なんですよ

タモリ（タレント）
多趣味だ、と言われることについて（出典：「『ほぼ半分は非難の歴史でした』タモリさんの生き様が滲んだスピーチ、"東京の坂道"に興味を持った理由がエモい」ハフポスト日本版、2023年6月1日／特記のない本文のコメントも同出典）

2023年5月31日、放送文化の向上に貢献した番組や個人・団体を表彰する「第60回ギャラクシー賞」において、タレントのタモリが「放送批評懇談会60周年記念賞」に選出。司会の口から出た「多趣味」という言葉を受けて、スピーチで冒頭のように切り出した。そのあとに、こう続けている。

「根性がないんで、これが面白いな、とその分野に行くと先人たちのすごい人たちがいっぱいいるんで、すぐ諦める。で、また次に行って、全てがやることなすこと中途半端ってやつですから」

誰もが自分と違うタイプに憧れがちだ。多趣味の人は一つのことを突き詰めている人に対して、関心の幅が狭い人はさまざまな分野に精通している人に対して、引け目を持ちやすい。「今の自分を変えたい」という思いも大切だが、それだけでは疲れてしまう。

タモリは「笑っていいとも！」（フジテレビ系）のような長寿番組を続ける秘訣について、こう語っている。

「反省なんかしません。反省なんかしたら毎日やっていけませんよ。悪いことといっぱいあるんだもの。俺が自分の番組一切見ないのも、悪いことばっか見えちゃうから」（プレジデントオンライン、2022年3月21日）

趣味に限らず、大事なのは「無理しないこと」と「自分に失望しないこと」。SNSで人と比べてしまいがちな現代人こそ、タモリの考え方はインストールしておきたい。

追い立てられるように趣味を持つ必要はない。気負うことなく、その時々の自分がやりたいと思うことを始めてみよう。

神回答
7

やりたいことをみつけて、それにあわせて人生を決めるのではなく、人生にあわせて自然体でやりたいことをみつけたほうがいい

村上春樹（作家）
読者の相談に対して（出典：『「これだけは、村上さんに言っておこう」と世間の人々が村上春樹にとりあえずぶっつける330の質問に果たして村上さんはちゃんと答えられるのか？』村上春樹著・安西水丸絵、朝日新聞出版、2006年）

村上春樹《むらかみはるき》は、世界で最も愛されている日本の作家の一人だろう。

2023年4月には、6年ぶりの新作長編『街とその不確かな壁』（新潮社）を刊行。自身の3作目として発表した『街と、その不確かな壁』を書き直したものだが、この出版不況のなか、初版30万部で発売。しかも、発売6日目で重版が決定して、大きな話題となっ

た。

村上は、ネットを介して定期的に読者との交流を行っており、そのやりとりの一部は書籍化されている。『これだけは、村上さんに言っておこう』（朝日新聞出版　※編注：正式名称は前掲の出典に明記）では、「最近、自分は一体何をしたいんだろうと思います」という悩みを吐露した相談者に対して、冒頭のように回答している。

村上自身、29歳で作家を志して30歳でデビューするが、すぐに専業作家になったわけではない。20代前半から30代前半にかけて、ジャズ喫茶を約7年間経営している。

小説は、店が終わったあとに自宅に戻ってから1時間ほど、キッチンテーブルでコツコツと書き続けた。そのため、兼業作家の頃に書いた1979年のデビュー作『風の歌を聴け』と、翌年の『1973年のピンボール』（いずれも講談社）のことを「キッチンテーブル小説」と自身で名づけている。

今の日々を一変させるような目標を持つのではなく、生活の延長のなかでやれることから始めてみる。そんな心持ちでいれば、自然体で新しい挑戦ができそうだ。

夢が見つからなくても焦ることはない。今この瞬間の感情を大切にして、自分の内なる声に耳を傾けてみれば、おのずと1歩目を踏み出せる。

神回答
8

いろんなことやったりみたりして、これが一番、受け入れてもらえたってことなんじゃないかな

渥美清（俳優）
役者になった理由について（出典：『渥美清の伝言』NHK「渥美清の伝言」制作班編、KTC中央出版、1999年／本文のコメントも同出典）

渥美《あつみ》清《きよし》主演、山田《やまだ》洋次《ようじ》監督の映画「男はつらいよ」シリーズの第1作が公開されたのは、1969年のこと。それ以降、28年間にわたって、国民的シリーズ映画として特別篇を含む全49本が製作され、人気を博した。

渥美清が演じる「車《くるま》寅《とら》次郎《じろう》」の名から作品自体が「寅さん」と呼ばれ、今でも多くのフ

アンの心をつかんでいる。1983年には「一人の俳優が演じたもっとも長い映画シリーズ」としてギネス世界記録に認定されるほど、寅さんを演じ続けた渥美清。取材で「どうして役者になったのか」という質問に対して、答えたのがこの言葉だ。

このあとに「やっぱり必要とされたってことかしら」と言い、さらに自分の過去を振り返りながら、こう続けた。

「それまで友だちのうちの商売を手伝ったり、若い時はいろいろ仕事の手伝いしたりしたけど、求められたってことはなかったねえ」

学校卒業後は、工員として働いたり、寅さんのようなテキ屋の手伝いをしたりしたこともある。そんな紆余曲折《うよきょくせつ》があったからこそ、天職と出会うことができた。

「男はつらいよ」では、寅さんがこんな名セリフを残している。本人の実感が込められていたのではないだろうか。

「やっぱり、真面目にね、こつこつこつこつやっていかなきゃ、いつか、芽が出るんだから」

今の仕事に向いているかどうかなんて思い悩む必要はない。職場や顧客に受け入れられて仕事ができているならば、それだけで「向いている」と考えよう。

神回答
9

とにかく自己の確立。まずそれからですよ。それをちゃんとすれば少々のこと言われても揺るぎもしませんよ

美輪明宏（歌手、俳優）
「自分に自信を持つには？」という問いに対して（出典：「【美輪明宏】『目に見えるものは見なさんな』完全版」ユーチューブチャンネル RED Chair、2021年10月26日／本文のコメントも同出典）

美輪明宏《みわあきひろ》は「ヨイトマケの唄《うた》」など多数の歌を世に送り出した「シンガーソングライターの元祖」でありながら、「二人の天才が取り合った俳優」としても知られている。一人は劇作家の寺山修司《てらやましゅうじ》だ。演劇実験室「天井桟敷《てんじょうさじき》」の旗揚げ公演「青森県のせむし男」

では、主演に美輪を抜擢《ばってき》している。

続いて寺山は美輪のために「毛皮のマリー」を書き下ろした。

もう一人の天才が、作家の三島由紀夫《みしまゆきお》である。自身が戯曲化した『黒蜥蜴《くろとかげ》』（原作は江戸《えど》川乱歩《がわらんぽ》）において、三島は美輪の主演を熱望。美輪は「なぜ自分なのか」と2回断ったものの、三島の熱心さに根負けして、3回目の打診で引き受けたという。実現した結果、映画化もされた作品はニューヨークやパリでも大きな評判を呼び、世界的なヒットとなった。

その多才さから、三島に「聖なる怪物」と称された美輪。「自分に自信を持つには？」という質問に対して、美輪が答えたのが、この言葉だ。

具体的には、「自分がどういう系統の人間か」をまず見極めること。

自分が深めたい分野が定まってくれば「知識、教養を身につけて、それを揺るぎのないものにしていけば、それが自信につながりますよ」と言っている。

今はあまりにも周囲の雑音が耳に入りやすい時代だ。SNSでのつながりを絶ち、自己の確立に研鑽《けんさん》してみるのも、一つの手かもしれない。揺るぎない自分を手に入れるために。

自分の方向性を定めて、教養や知識を磨いていくことで、自分という人間を知ることができる。まずは自分の内面としっかり対話しよう。

神回答
10

（父の三國連太郎とほとんど共演しなかった）その悔いが自分の中に残っていることが、僕の役者人生としては一番の財産になっているようにも思えます

佐藤浩市（俳優）
父とほとんど共演してこなかったことについて（出典:『すべての道は役者に通ず』春日太一著、小学館、2018年）

なぜ、あのときに、自分は行動に移せなかったのだろうか——。

これまでの人生を振り返ったときに、そんなふうに後悔することは珍しくない。できるならば、過去に戻ってやり直したいと思うこともあるだろう。

俳優の佐藤浩市《さとうこういち》もまた、そんな後悔を抱えていた。父の三國連太郎《みくにれんたろう》と本格的に共演したのは1996年の映画「美味しんぼ」だけ。不仲説がささやかれていたが、その理由についてこう語った。

「自分たちで勝手にハードルを上げちゃってたんですよね。一緒にやる作品は監督はこの方でとか、いろんなことでお互いにハードルを高くしてしまったがために一緒にやる機会を失ってしまった」（「佐藤浩市、父・三國連太郎さんとの不仲説を説明　共演した映画は『本当にやっといて良かった』」サンスポ、2022年5月23日）

「父と芝居をちゃんとやれる作品をやっておけばよかった」――。そんな後悔について、佐藤が語ったのが、冒頭の言葉である。

どんな道を選んでも「あのときに、ああしておけば……」という悔いは残る。だが、その後悔の感情を噛み締めることで成長することもある。佐藤は自身の経験から、親子や兄弟がいる俳優には、こんなアドバイスを送っているという（前掲記事より）。

「後で後悔するから、もしやれる機会があるならやっといたほうがいいぞ、一緒に」

後悔のない人生はない。後悔しない生き方を探すよりも、後悔した経験を今後の人生に活かすのが賢明だろう。

神回答
11

話を思い付いただけで勝手に原稿が仕上がるようになりたい

鳥山明（マンガ家）
ドラゴンボールを集めたらどんな願い事をするかと尋ねられて（出典：「『ドラゴンボール』鳥山明がマンガが描けない!?　ペン入れアレルギー『オッサンは引退するのが一番です』」J-CASTニュース、2013年3月26日）

マンガ家の鳥山明《とりやまあきら》は1984年に「週刊少年ジャンプ」で『ドラゴンボール』の連載をスタートさせると、国民的大ヒットとなった。単行本発行部数は世界累計2億6000万部以上。2024年3月1日に急性硬膜下血腫により、68歳で逝去。世界中のファンから悲しみの声が寄せられることとなった。

『ドラゴンボール』は、どんな願いでも一つ叶《かな》えられる「ドラゴンボール」を巡る物語だ。「漫道コバヤシ」（フジテレビONE、2013年3月24日放送）で「もし、ドラゴンボールを集めて願いが叶えられるならば、何を頼むか？」と質問されて、答えたのがこの言葉だ。

理由は、話を考えるのは好きだがペン入れが好きではないとして、「ペン入れが嫌で、今ではマンガをめったに描かない」とも明かした。『ドラゴンボール』を長期にわたり連載するにあたって、鳥山がいかに苦労したかが感じ取れる神回答だ。

どれだけ才能が豊かでも、何かを成し遂げるまでの困難は同じようにある。アニメ界のレジェンドである宮崎駿《みやざきはやお》監督もまた、鳥山明と同じく、四苦八苦して作品作りにあたっているようだ。NHK「プロフェッショナル 仕事の流儀」出演時（2023年12月16日放送）にこんな名言を残している。

「めんどくさいっていう自分の気持ちとの戦いなんだよ。世の中の大事なことってたいがいめんどくさいんだよ」

仕事で結果を残している人は、周囲に弱音や愚痴をこぼすことで、親近感を持ってもらえる。どんな人も才能だけでやれているわけではない、と努力を促すメッセージにもなる。

神回答
12

人生も、将棋も、勝負はつねに負けた地点からはじまる

加藤一二三（将棋棋士）
藤井聡太が30連勝を目前に敗退したことに対して（出典：加藤一二三の公式Xアカウント、2017年7月2日／本文のコメントも同出典2020年6月29日）

「ひふみん」の愛称で知られる将棋棋士の加藤一二三《かとうひふみ》。かつては、こんな呼び名がつけられていた。「神武《じんむ》以来の天才」。

初代の天皇である神武天皇の世以来の天才だというのだから、ただごとではない。加藤一二三は14歳7カ月でプロになり、18歳3カ月で順位戦リーグA級八段に昇段。ともに、当

時は最年少記録である。

その後、実に63年間も、現役棋士として将棋を指し続けた。将棋のプロがわずか150人程度しかいないことを思えば、加藤がプロであり続けたことは驚異的だ。

そんな加藤の最年少記録を打ち破ったのが、藤井聡太《ふじいそうた》である。藤井は14歳2カ月でプロとなり、18歳1カ月で順位戦リーグA級八段に昇段している。

「令和の天才」とも評される藤井は、記録更新となる30連勝を目前にして敗退。そのときに中学生棋士の元祖である加藤がSNSで投稿したのが、この言葉である。

加藤は、藤井の指す手が「AIを上回った」と話題になったときも、こんな発信をした。

「AIを過大評価する一方で、天才棋士の頭脳のきらめきやひらめきを、そもそも軽視しすぎの世の中ではないか」

かつて藤井と同じように「天才」と騒がれた経験を持つからこそ、今をときめく「若き天才」を見くびってほしくはなかったのだろう。冒頭の励ましとともに、優しさに満ちた言葉である。


敗北から人生が始まると思えば、落ち込んでいる暇はない。大きな挫折をして落ち込む人を勇気づける神回答だ。

神回答
13

自分を信じるド厚かましさも才能

ヤン・ヨンヒ（映画監督）
対談で後進へのアドバイスを求められて（出典：「ヤンヨンヒ監督、モーリー・スリヤ監督との対談で後進にアドバイス『自分を信じるド厚かましさも才能』【第36回東京国際映画祭】」映画.com、2023年10月31日／本文のコメントも同出典）

自身の体験をもとに描いた映画「かぞくのくに」（2012年）などで知られる、ヤン・ヨンヒ監督が、インドネシアのモーリー・スリヤ監督と対談を行った。スリヤ監督の代表作には、インドネシア流西部劇である「マルリナの明日」（2017年）などがある。

対談で、これから映画監督を目指す後進へのアドバイスを求められたときに、ヤン・ヨンヒが言ったのが、冒頭の言葉だ。

「それが揺らぐと絶対に止まる」

として、さらに次のように続けた。

「撮影が終わっても完成させられない、公開が決まっていても流れるなどいろいろな理由があって着手するのが恐ろしくなる作業だが、自分を信じ、信じられるスタッフとどう出会えるか。そのための精神力、体力も必要」

自分では手ごたえがあっても、外的な要因でうまくいかないことが続けば「自分がやろうとしていることに何か問題があるのだろうか」とつい思ってしまうもの。

なかなか思い通りにいかないのが人生だとすれば、「それにもかかわらず」自分のことを信じられるかどうかが、成功の鍵を握っている。

特に周囲から見て無謀な挑戦は、どうしても「身の程知らず」「できるわけがない」と足を引っ張られやすい。

「身の程知らず」と言われるくらいでちょうどよい。揺るぎない信念を持つことだ。


自分ならばきっとやれる……という根拠なき自信をどんなときも持てるかどうか。自分を信じて、行動を起こすことをやめなければ、何らかのかたちで必ず道は開ける。

神回答

14

いや、七十代はまだまだですよ。人間、八十を超えてみないと何もわかりませんからね

瀬戸内寂聴（僧侶、作家）

稲盛和夫との対談で（出典：『利他　人は人のために生きる』瀬戸内寂聴・稲盛和夫著、小学館文庫、2014年／特記のない本文のコメントも同出典）

人というものは、どうしても足元の幸せに気づきにくいものだ。波乱万丈な人生を送ってきた、作家で僧侶の瀬戸内寂聴《せとうちじゃくちょう》は、こんなことを言っている。

「人は不幸のときは一を十にも思い、幸福のときは当たり前のようにそれに馴れて、十を一のように思います」（『生きることば　あなたへ』瀬戸内寂聴著、光文社文庫、2009年）

実業家の稲盛和夫《いなもりかずお》も、紆余曲折の人生を送った。学生時代から受験にことごとく失敗。ようやく入社できた会社は劣悪な環境で、同期が次々と辞めていく。そんななか、稲盛は開き直って研究に没頭。セラミック技術を磨き、27歳のときに8人の仲間と会社を起こす。このベンチャー企業が、のちに「京セラ」として知られる「京都セラミック」である。

ともに多難な人生を歩んだ寂聴と稲盛が、2009年の暮れに「週刊ポスト」の企画で対談を行った。稲盛和夫は「利他」の重要性を熱弁。自身がすでに79歳であることから「生きているあいだに言わなければ……と思って」と口にすると、10歳年上の瀬戸内寂聴が言ったのが、冒頭の言葉である。80代を迎えると成熟する……というわけではなく「それまでは何もわからない」と言っているところが、すさまじい。

浮世絵師の葛飾北斎《かつしかほくさい》も「70歳以前に描いたものは、実に取るに足らぬものばかりである」と言っており、88歳で亡くなるまでひたすら絵を描き続けた（『もっと知りたい葛飾北斎　生涯と作品』永田生慈監修、東京美術、2005年）。

今の自分が未熟でも仕方がない。寂聴や北斎の言葉を聞くと、そうほっと安心できる。

もはやエイジレスの時代も近く、年齢はどんどん重要視されなくなってきている。大切なのは、いつでも「今やりたいことがやれているかどうか」である。

第2章

人間関係を円滑にする「神回答」

神回答
15

優しい人に優しくすることは素晴らしいことよ。でも、優しくない人に優しくすることも大事

レディー・ガガ（ミュージシャン）
取材の受け答えのなかで（出典：「米歌手・レディー・ガガさん／『思いやりが世界を変える』」飯田香織著、日本記者クラブ　取材ノート、2020年8月／特記のない本文のコメントも同出典）

レディー・ガガは、ニューヨーク州ヨンカーズ生まれのミュージシャン。全世界売上枚数7000万枚以上と、世界的な歌姫として圧巻の存在感を放っている。

ガガといえば、奇抜なファッションでも有名だが、学生の頃はその個性がゆえにいじめ

られたこともあった。母に相談すると、きまってこう言われたという。

「優しさでやっつけてしまいなさい（kill them with kindness）」

その言葉の真意をガガなりに、何度となく解釈してきたのだろう。ガガはスーパースターになってからも、若者たちを励ますメッセージを発信している。友人の娘が学校でいじめを受けていると聞いたときには、ガガは黙っていられなかった。そのクラスメートに向けてのメッセージ動画をインスタグラムで公開。いじめの傍観者にならないようにと、次のように呼びかけて、大きな話題となった（音楽サイト「uDiscovermusic.jp」連載コラム「D姐の洋楽コラム」より）。

「私はみんなに他人に優しくなってもらいたい。そして勇気を持ってもらいたい。（いじめをしている）クラスの人気者に歯向かうのは、大変なことだというのはわかるわ。でも自分が大きな器の人間になることが必要よ。もっと優しくなって。勇気を持って。誰もやらないことをやる人になれるのが大切」

そんなガガが取材を受けたときにNHK記者に語ったのが、冒頭の言葉である。


優しくない人にさえも優しくする。簡単なことではないが、それほどの包容力をみなが持てば、世界は必ずよい方向に向かうはずだ。

神回答
16

（苦手な人は）いないと思う。あえて言うなら、動物が嫌いな人はちょっと価値観が合わないかもしれないけど……。でも、その人にも良いところがあると思うから、探してみるよ

森泉（モデル、タレント）
「苦手な人はいないんですか？」という質問への答え（出典：「森泉、“苦手な人はいる？”への返しが話題『神回答』『こんな人になりたい』」モデルプレス、2023年4月20日／本文のコメントも同出典）

現代人はさまざまなタイプのストレスを抱えながら日々を過ごしている。なかでも深く悩まされるのが、人間関係のストレスだ。

苦手なタイプとつながりができてしまうと、常にその人のことで頭がいっぱいになってしまったりする。

どんな人が相手でも明るく振る舞いそうなタレントには、苦手な人が存在しないのだろうか？

そんな視聴者の気持ちを代弁するように、フジテレビ系「ぽかぽか」（2023年4月20日放送）で、お笑いコンビ「ハライチ」の澤部佑《さわべゆう》が、モデルでタレントの森泉《もりいずみ》に「苦手な人はいないんですか？」と質問した。

誰とでも打ち解けられる森泉は、「逆に私のことを苦手な人がいると思う」としながら、改めて「苦手な人」について答えたのが、冒頭の言葉である。

「動物が嫌いな人」という答えをひねり出したうえで、その人でさえも「苦手」ではなく「価値観が合わないかも」とし、さらに、その人ともうまくやっていく道を探る……。

この答えに「苦手な人をつくらない思考プロセス」が凝縮されている。自分もまだ発展途上である……という姿勢にも、好感が持てる神回答だ。

一番の注目ポイントは「その人にも良いところがあると思う」というフレーズ。どんなに合わない相手にでも、こう考えることが、人間関係を円滑にするコツなのだろう。

神回答
17

そちらこそ
(「モテるでしょう?」と聞かれて)

滝沢カレン(モデル)

「モテるでしょう?」への解答例として(出典:「『モテるでしょ?』と聞かれたときの正解は?　滝沢カレンの『切り返し』に視聴者共感」J-CASTニュース、2021年10月4日)

それほど深い意味があって聞いているのではないだろうけれど、いざ投げかけられると返答に困る質問がある。

何の脈絡もなく、不意に放たれやすい「モテるでしょう？」という問いかけも、その一つだ。

「はい、モテますね」と答えても反感を買いそうなので、「いやいや……」と謙遜するのが無難だが、あまりにパターン化された反応で、何だか嘘っぽくなる気もしてしまう。

この「モテるでしょう？」への回答として、テレビ朝日系「オードリーと選の夜」（2021年9月27日放送）出演時に、明確なスタンスを打ち出しているのが、モデルの滝沢《たきざわ》カレンだ。

その質問が来ると必ず、「そちらこそ」と返答。相手に「本当にこの会話をしたいのか」と暗に問いかけているのだという。

返答に窮する自分と同じ状況に、相手も置いてしまうという発想が面白い。「そんなこと初めて言われました！」とオーバーリアクションするのも白々しいし、「いえいえ、まったくモテません……」と謙遜するのも疲れたという人に、おすすめしたい神回答だ。

5文字であしらうことで、省エネにもなるし。

同じ問いで返して、居心地の悪さを感じてもらえればベスト。何気ない問いかけが相手を困らせていると気づいてもらえれば、今後の〝被害者〟を減らすことにもつながる。

神回答
18

第一印象を偽らないことじゃない？いつもキチンとしてたら偽らなくてもいいんじゃないの

叶姉妹・恭子（モデル、タレント）
「第一印象を良くするための心がけ」を聞かれて（出典：「『人からの第一印象を良くするには？』お姉さまが神回答！このアドバイス、人生で大事にしたい…」丸山愛菜著、BuzzFeed、2023年3月23日／本文のコメントも同出典）

2005年に『人は見た目が9割』（竹内一郎著、新潮新書）が出版されて、ベストセラーになった。仕事でもプライベートでも「第一印象を良くしたい」という人がそれだけ多いということだろう。

ポッドキャスト番組「叶《かのう》姉妹のファビュラスワールド」（2023年3月14日配信）で、「第

「第一印象を良くするための心がけ」について質問されて、叶姉妹の恭子《きょうこ》が答えたのが、冒頭の言葉だ。

さらに、次のように説明した。

「普通にちゃんと、普段のご自身がキチンとしていれば、別に取り繕《つくろ》ってバリアを張らなきゃいけないとかね、反対に見てらっしゃる方は『この方は、今こうやって違う風に振舞ってるな』ってわかっちゃうから」

言われてみれば、「第一印象を良くしよう」というのは、「普段と違う自分でいようとしている」ことにほかならない。もし取り繕って気に入られても、関係はおそらく長続きしないだろう。

人と接するときに、緊張することすらないという恭子は、こんなことも言っている。

「緊張しなくても、自分が生きている時間、人生の中で『ここだけは』っていうんじゃなくて、すべてにおいて自分らしくキチンとしてるというのが私は普通」

むしろ、初対面でも自分らしくいられる方法を考えるほうが大切なのかもしれない。

「第一印象を良くする」というビジネスの場でも基本といえるべき態度を「取り繕っている」として大胆に否定。普段の心がけの重要さを気づかせてくれる神回答だ。

神回答
19

無理に輪に入っていくこと。それで学ぶこともあるとは思うから。一度入ってみて見極めてみるというのもいいかもしれない

イチロー（プロ野球選手、メジャーリーガー）
クラスになじめないという相談を受けて（出典：「無理をしてでも、友達の輪に入るべきですか?【おしえて!イチロー先生】」SMBC日興証券公式チャンネル、2020年6月23日／本文のコメントも同出典）

元メジャーリーガーのイチローは、日米通算4367本と世界一の安打数を誇る、野球界のレジェンド。周囲に流されることなく、自らの感覚と信念に基づいた打撃フォーム「振り子打法」を貫いた。また、マスコミにも多くを語ることはなかったため、「孤高の天才」と呼ばれることも多い。そんなイチローが、小学生からこんな悩みを相談された。

「最近、学校のクラスメートとなじめないのですが、無理をしてでもその友達の輪に入るべきなのでしょうか」

イチローの足跡を思えば「無理に合わせる必要はない」と答えそうなものだ。おそらく質問した小学生も、そう言ってほしかったのではないだろうか。

しかし、イチローは質問を噛み締めてから「これむずかしいね」と語りかけた。そして「僕はあんまり無理をする必要はないんじゃないかと思うね。疲れちゃうから」と回答。さらに「普段の生活の中でストレス抱えていることって、みんなにも結構あるでしょう。今の時代は特にそうだと思う」と、質問者に寄り添った。

そのうえで、イチローは「自分がやりたいことだけ好きなようにやっていればいいかというと、それはまた違う話だと思う」として、冒頭のように呼びかけた。

さらに「完全に閉ざすこと」について「そういうこともある」と理解しながらも、「最初にそれをしてはダメだ」と丁寧に説明。無理のない範囲で輪に入ってみては、と提案している。これほど誠実に質問に向き合う回答者は稀有《けう》だろう。

相談された内容にどう答えればよいのか。迷いがあるならば、思考プロセスごと丁寧に伝える。そうすれば、相手が期待する答えではなくても、耳を傾けてくれることだろう。

神回答
20

多様性は、うんざりするほど大変だし、めんどくさいけど、無知を減らすからいいことなんだと母ちゃんは思う

ブレイディみかこ（ライター、コラムニスト）
息子に「多様性がなぜよいのか」と聞かれて（出典：『ぼくはイエローでホワイトで、ちょっとブルー』ブレイディみかこ著、新潮社、2019年／本文のコメントも同出典）

年齢、性別、人種、宗教、趣味嗜好《しこう》などさまざまな属性の人が集まった状態のことを「ダイバーシティ」という。いろいろな国籍や民族性をもった生徒たちがいる学校の場合は、そんな多様性が認められている状態が理想的なはず。しかし、さまざまな価値観を持つ人が集まれば、衝突も起きやすい。なかには、対処が難しい問題も出てくることだろう。

そのため、ブレイディみかこが「多様性がないほうが楽ではある」と言うと、息子から「楽じゃないものが、どうしていいの？」と質問を投げかけられた。それに対して、「楽ばっかりしてると、無知になるから」として、この言葉を続けた。

属性が同じ人たちばかりで集まれば楽だが、自分たちが共有できる価値観でしか物事を判断しなくなり、知性は衰える。一方で、多様な人間が集まり、衝突することで、自分とは違う他者のなかに、やはり自分と似ているところが見つかったりもする。

ブレイディみかこは、息子の級友が黒人の少女の陰口をたたいているのを知って「無知なんだよ」と息子にこぼす。息子が「つまり、バカなの？」と言うと、こう返答した。

「いや、頭が悪いってことと無知ってことは違うから。知らないことは、知るときが来れば、その人は無知ではなくなる」

多様性への理解を妨げている原因が無知だとすれば、またアプローチ法も変わるだろう。

多様性への抵抗を感じたときは、自分の無知から来ているのかもしれない、と立ち止まってみよう。何度も思い返したい、気づきの多い言葉だ。

己の知性を鍛えることで、人はどんな人にも優しくなれる。多様性を重視する意義をわかりやすく伝えた「神回答」である。

神回答
21

アンパンマンとばいきんまんは、光と影、陽と陰、あるいはプラスとマイナスのような関係です。どちらか一人だけでは存在できません

やなせたかし（マンガ家）
アンパンマンがばいきんまんを捕まえない理由について（出典：『アンパンマン大研究』やなせたかし・鈴木一義編著、フレーベル館、1998年）

子どもから絶大な人気を集める『アンパンマン』だが、ブレイクするまでに年月を要したことはあまり知られていない。

マンガ家で絵本作家のやなせたかしが『アンパンマン』を描き始めたのは、50歳のときのこと。30代でマンガ家としてデビューはしたものの、ヒット作が出ないなかでの意欲作

だった。

だが、編集者など関係者の反応は、芳《かんば》しいものではなかったらしい。子どもたちには人気が出たので、絵本化には漕《こ》ぎつけたものの、アニメ化の話は何度となく頓挫《とんざ》。ようやく実現したときには、「1年は続けたいですね」とプロデューサーから声をかけられたという。それだけ期待薄のアニメだった。

ところが、放送開始から子どもたちを中心に大きな反響を呼ぶ。このとき、やなせは69歳。「何度も決意し、何度も挑戦を繰り返す中で人生の活路は開かれる」と、自身の成功を振り返っている。

『アンパンマン大研究』という本のなかで、「アンパンマンは、ばいきんまんをやっつけるだけで、なぜ捕まえないのですか？」という読者の質問に対する、やなせの答えが冒頭のものだ。あとに「お互いそのことをよく知っているのでしょう」と続けた。

苦労を重ねたからこそ、憎まれ役にもまた、存在意義があるという持論に至ったのかもしれない。人生の光と闇もまた背中合わせだ。

どんな人間にも役割があると思えば、煩わしい人間関係にも向き合うことができる。相性がよくない人からもまた、学ぶべきことはあるのだ。

神回答
22

私が喋り続けるのは傲慢だからじゃないんだ。恐いからなんだよ

スラヴォイ・ジジェク(哲学者)

「なぜ私がおしゃべりかわかるか?」と問いかけながら(出典:「なぜこんな話し方になったのか理由を明かすジジェク(日本語字幕)」ユーチューブチャンネル ジョージのチャンネル、2021年3月20日/特記のない本文のコメントも同出典)

スラヴォイ・ジジェクは、スロベニア生まれの哲学者。ラカン派精神分析とヘーゲル哲学を軸にしながら、政治経済だけではなく、文学や映画をも縦横無尽に論じている。歯に衣着《きぬき》せぬ物言いで時事を斬り、「現代思想界の鬼才」ともいわれるジジェク。

インタビュー中に、自身がマシンガントークをする理由について説明して、話題を呼んだ。

ジジェクは「私には劣等感（コンプレックス）がある」と切り出し、自分が話し続けることについて、こんな意外な心情を明かしている。

「私が1秒でも喋るのを止めると、あなたに私が喋ってる内容を理解する余裕を与えることになり、内容がクソだってあなたにバレてしまう。あなたの気を散らすために喋り続けるしかないんだ」

さらに「自分のことが全く信じられないんだ」とも言って、冒頭の言葉を続けた。思わぬ展開にインタビュアーは「アウグスティヌスの『告白』のようでしたね」と笑顔で応じている。

ジジェクの問わず語りの告白を聞いて、新たにファンになった人もいることだろう。

作家・太宰治《だざいおさむ》が『乞食《こじき》学生』という作品で書いた、こんな名言を思い出させる。

「僕は、心の弱さを隠さない人を信頼する」

自身のコンプレックスを相手に開示してしまうことで、思わぬ誤解を避けることができ、親近感を与えることができる。

神回答
23

もっと活躍しろ！と言われているんだと思います

三浦知良（プロサッカー選手）
テレビで「もうお辞めなさい」と言われて（出典：「三浦知良への『お辞めなさい』発言で大炎上した張本勲さん、本人からのサプライズメッセージに最後は『あっぱれ』を贈る」中日スポーツ、2021年12月26日／本文のコメントも同出典）

70歳まで現役をやれる――。

そんな言葉もあながち冗談ではないようだ。

「カズ」ことサッカー元日本代表のＦＷ三浦知良《みうらかずよし》は、ポルトガル２部のオリヴェイレンセに移籍。２０２３年４月22日、56歳にして、アカデミコ・デ・ビゼウ戦で終了間際にピッチに立って、ポルトガルリーグのプロサッカー選手として最年長出場記録を更新することとなった。

その偉業は海外の新聞でも報じられている。

カズの活躍は、とりわけ中年世代に勇気を与えてくれるが、「潔《いさぎよ》くない」とする考えもあるらしい。

2015年、当時48歳だったカズがJリーグ史上最年長ゴールを挙げると、4月12日放送のTBS系「サンデーモーニング」で、野球評論家の張本勲《はりもといさお》は「もうお辞めなさい。若い選手に譲ってあげないと」と苦言。ネットで炎上する騒ぎとなった。

後日、そのコメントについて問われたカズ。答えたのが、冒頭の言葉だ。このあとに、「激励だと思って頑張ります」と続けた。

これには張本も「カズに〝あっぱれ〟あげてください。こんなことを言う人いるのかね」と感心するほかなかった。

「神回答」にすっかり心を奪われたようで、騒動にも終止符が打たれた。

劇作家オスカー・ワイルドは言う。「この世の中で、噂されるよりもさらに悪いものが一つだけある。それは噂されないことだ」。批判は関心の証だ。自信を持とう。

神回答
24

ほっとかれたらただの老人だけど、「おじいちゃん、行こっ？」って言われると、やっぱりしゃん！とする（笑）

桑田佳祐（ミュージシャン）
渋谷陽一とのインタビューで（出典：「桑田佳祐、ソロに刻んだ、挑戦と解放の35年を語る――最新ベストアルバム『いつも何処かで』から、今こそ感じる音楽家としての幸せまで、その胸中に迫るロングインタビュー」「ROCKIN'ON JAPAN」2022年12月号／本文のコメントも同出典）

2022年にベストアルバム「いつも何処かで」をリリースした、ミュージシャンの桑《くわ》田佳祐《たけいすけ》。ロッキング・オン・グループ代表の渋谷陽一《しぶやよういち》からインタビューされて、思わぬ本音が飛び出した。

ベストアルバムにもかかわらず、ディレクターから「新曲を1曲」とリクエストされたことについて、自身の年齢を持ち出して、「66だっちゅうの！」と桑田がぼやくと、渋谷がすかさず「でも、言われて嬉しいじゃん、桑田くんは」とツッコミ。桑田は素直に「そうなんです、その通りなんですよ」と言って、この言葉を続けた。

国民的ミュージシャンが「ほっとかれたらただの老人」と自虐的に語るのが何ともユーモラスだが、「人から声をかけてもらえることで張り切る」のは、どれだけキャリアを重ねたベテランでも同じ。

むしろ、誰もが認める結果を出している人は、近づきにくいため、気軽に接してもらえない寂しさを感じていたりするもの。会社で話を聞いてみたい先輩や上司がいれば、臆《おく》することなく、いろいろと聞いてみるとよいだろう。きっと喜んで話してくれるはずだ。

ちなみに、高齢者が元気に毎日を送るための秘訣は「キョウイク」と「キョウヨウ」だといわれている。「キョウイク」とは「今日も行くところがある」こと、「キョウヨウ」とは「今日も用事がある」ということ。

とはいえ、人間関係は急に築けない。普段から人の縁をおろそかにしないことが大切。

誰かに必要とされることで、いつまでも現役でいられる。声をかけること、声をかけられることの尊さに気づかせてくれる「神回答」だ。

神回答
25

あなたがそれを尋ねる理由はよくわかる。でも、もっと長く話すべきことだし、今ここで部分的に答えることはしたくない

ティモシー・シャラメ（俳優）
共演者の性的暴行事件へのコメントを求められて（出典：「ティモシー・シャラメ、アーミー・ハマーのスキャンダルに言及『長く話すべきこと』」倉若太一著、Real Sound、2021年10月12日／本文のコメントも同出典）

もし、志を同じくしてともに働いた仲間に、不祥事の疑惑がささやかれたら、どんな態度をとるべきだろうか。

アメリカの俳優ティモシー・シャラメは、そんな難しい立場に立たされていた。

シャラメにとって、2021年3月にレイプ疑惑で女性から告発されたアーミー・ハマーは、2017年の映画「君の名前で僕を呼んで」で共演した仲間である。続編も予定されていたが、ハマーの疑惑が持ち上がったために、撮影は頓挫してしまっている。

「タイム」誌のインタビューで、ハマーの疑惑について聞かれたシャラメ。ハマー自身は、すべての不正行為を否定して「関係は合意の上だった」と主張している。だが、多数のプロジェクトから外されて、所属事務所からも解雇されている状態だ。どんな答え方をしても、誰かを傷つけてしまいそうななか、シャラメが答えたのがこの言葉である。

実質的には「ノーコメント」なのだが、ここまで丁寧かつ誠実に心情を表現されると、腹にストンと落ちる。

ことの重大さを伝えつつ、被害者にも不快感を与えることはない。25歳にして見事な回答だといえるだろう。

結論がまだ出しにくいことを聞かれたら、その場で無理に即答することはない。気持ちが揺れ動いているならば、その胸中も伝えてしまおう。

神回答
26

ちゃんと相手に逃げ道を残してあげる、それがディベートの正しいやり方だと思うんですよ

呂布カルマ（ラッパー）

インタビューで論破ブームについて問われて（出典：「『論破なんてしないほうがいい、幼稚なんですよ』ひろゆきを言い負かしたラッパー・呂布カルマ（40）が『空前の論破ブーム』に警鐘を鳴らす理由」神田桂一著、文春オンライン、2023年5月17日／本文のコメントも同出典）

呂布《りょふ》カルマは、数々のＭＣバトルで優勝を果たして「最強」とも称されるラッパー。テレビのコメンテーターとしても活躍し、ＡＣジャパンのＣＭでは、相手をディスらない「寛容ラップ」を披露して話題になった。

2022年、インターネット番組「マッドマックスTV論破王」（ABEMA）に出演したときには、「論破王」として名高いひろゆきに勝利。以後、レギュラー出演となった。

だが、文春オンラインのインタビューでは「いまだに自分が本当にディベートが得意なのかわかっていないです」と回答。その理由をこう明かした。

「ディベートって、自分の主義主張をぶつけるよりも、相手の立場に立つことがポイントじゃないですか。そもそも、そのルールを理解していない対戦相手がほとんど」

相手を論破すること自体にも否定的で、「ある程度大人だったら、論破なんてしないほうがいいとわかるじゃないですか。幼稚なんですよ、論破って」として、ディベートの本来のあり方について、冒頭のように語った。

ビジネスでもプライベートでも、相手の間違いを指摘したり、意見を戦わせたりするときに、言いすぎてしまわないように、頭に入れておきたい言葉である。

インタビューで呂布は「実際ひろゆきさんも『論破しましたよ』なんて言いません」とも。よくある誤解をさりげなく解くあたりにも、気遣いを感じる。


相手を言い負かしても得るものは何もなく、失うものしかない。熱意があるばっかりに、自分の意見だけを主張しすぎていないか、気をつけよう。

神回答
27

よくやったとか、これはうまくいったとか、自分で思える仕事が僕にはないのよ。ただ、礼儀正しくやってきたということはね、それはある

植木等（歌手、コメディアン、俳優）
取材に答えて（出典：『植木等伝「わかっちゃいるけど、やめられない！」』戸井十月著、小学館文庫、2007年／本文のコメントも同出典）

歌手・コメディアンの植木等《うえきひとし》は、映画では、型破りなキャラクターが「日本一の無責任男」として話題となり、歌を出せば、「スーダラ節」が大ヒットとなる。「スーダラ節」の「分かっちゃいるけどやめられない」は、思わず口ずさみたくなる名フ

レーズとして、日々奮闘する昭和のサラリーマンの応援歌にもなった。ちょうど戦後の日本が本格的に復興していく高度成長期のことである。

だが、植木本人は真面目な性格で「無責任男」の役作りには苦労したらしい。「スーダラ節」も最初に聞いたときは、歌うのが嫌で仕方がなかったという。当時を振り返って、植木は前掲書のインタビューでこう苦笑している。

「僕はね、こんな歌がヒットするようじゃ日本はおしまいだって、本当にそう思っていたの。でも、ヒットしちゃった。困ったねぇ、これには」

この曲をきっかけに、シンガー・コメディアンとして飛躍した植木。人気者になっても、仕事への姿勢は変わらず一貫して真面目そのものだった。

「ちっちゃな仕事でもキチッとやる。一所懸命やるっちゅうか、真面目にやるっちゅうか、個性を出すっちゅうかね」

いつでも貫いたのは「礼儀正しさ」だとして、冒頭のように語った。一つひとつの現場をおろそかにせず、全力を尽くすことで、明日が拓《ひら》けていく。

いつでも礼儀正しく、丁寧に対応するということ。仕事でこれが貫ければ、大きな間違いは起きないだろう。

神回答
28

何年か前から人の活躍が見られなくなりまして……

多田健二（お笑いタレント）
番組でM-1を見ていない理由を聞かれて（出典：「チャンスの時間」ABEMA、2024年2月18日放送／本文のコメントも同出典）

漫才賞レースの最高峰とされている「M－1グランプリ」。

大会前のファイナリストが発表された時点から「今年は誰が優勝するのか」という話題で盛り上がり、終わってからもグランプリの結果や審査員のコメントについて、あちこちで解説が行われる。「普段はお笑いを見ないが、M－1だけは見る」という人も珍しくない。

もはや国民的行事といっても、過言ではないだろう。

ところが、2024年2月18日にABEMAで放送された「チャンスの時間」では、お笑いコンビ「COWCOW《カウカウ》」の多田健二《ただけんじ》が、司会を務めるお笑いコンビ「千鳥《ちどり》」の大悟《だいご》から「M－1、見ました？」と尋ねられると、態度が何やらおかしい。言いづらそうにしながら「M－1、ちょっと、見てない……」と発言。スタジオが「そんな芸人いるんですか？」と騒然となるなか、大悟が「なんか理由があって？」と聞いたところ、多田が答えたのが、冒頭の言葉である。

思わぬ理由に、「これが人間！」とスタジオは爆笑に包まれながらも、どこかみなホッとしたような表情にも見える。視聴者も肩の力がふっと抜けたことだろう。

自分以外の誰かががんばる姿は大いに刺激になるが、「それに比べて自分は……」と落ち込むことだってある。思えばSNS全盛期の今、これほど人の活躍を目の当たりにする時代は、これまでなかった。見たくないときは、情報をシャットアウトすればよい。そう気づかせてくれる「神回答」である。

自分の弱さを隠さないぶっちゃけ話は、聞く人の心をほぐす力がある。ちなみに私も、売れっ子によるSNSでの度重なる増刷報告は、目にしないように工夫している。

神回答
29

自分以外のことを言うと叶わないような気がするので、あまり言いたくない

大谷翔平（プロ野球選手、メジャーリーガー）
将来的に子どもがほしいか聞かれて（出典：「【ノーカット動画も】大谷翔平 結婚公表で取材応じる 決め手は」NHK NEWS、2024年3月1日）

投手と打者の二刀流で、日本のみならずメジャーでも、超一流の成績を残し続けている大谷翔平《おおたにしょうへい》。ＷＢＣ（ワールド・ベースボール・クラシック）では、過去最強メンバーであるアメリカ代表との決勝戦を前にして、大谷がかけた言葉が名言として話題になった。

「憧れるのをやめましょう。今日1日だけは、やっぱり憧れてしまったら超えられないんでね。僕らは今日、超えるために、トップになるために来たので。今日1日だけは、憧れを捨てて、勝つことだけ考えていきましょう。さぁ行こう！」

大谷の声かけがナインを奮起させたのだろう、決勝戦ではアメリカ相手に見事に勝利。優勝へと導いている。

そんな大谷は2023年にエンゼルスからドジャースへの移籍を明らかにした。その移籍報告では、「決断に時間がかかってしまい申し訳ありません」という、各所への配慮にあふれるフレーズから切り出して話題を呼んだが、さらなるニュースが待ち受けていた。

2024年2月に電撃結婚を発表。日米のファンを大いに驚かせて、メディアも大騒ぎに。囲み取材では、「将来的に子どもがほしいかどうか」という質問に、「もちろんそうなればいいですけど」としつつ、冒頭のように答えた。大切な人を守るという強い意志が感じ取れる。圧倒的な成績のみならず、この気遣いこそが、大谷が一流選手として尊敬されるゆえんだろう。

大切なパートナーに心理的なプレッシャーを与えたくないという思いが垣間見られる「神回答」だ。自分以外のことは答えない理由にも使える点でも秀逸。

神回答
30

教養とは他人の心がわかるということなんだよ

養老孟司（解剖学者）
茂木健一郎との語らいの中で（出典：「『人の気持ちが分からないのは、心が冷たいからではない』脳科学者がそう断言する理由『共感』の幅を広げると人間関係はラクになる」茂木健一郎著、プレジデントオンライン、2022年5月3日／特記のない本文のコメントも同出典）

イタズラ小僧と父親、イスラム原理主義者と米国、若者と老人。互いに話が通じないのは、そこに「バカの壁」が立ちはだかっているからである——。

そんなセンセーショナルな内容で、解剖学者の養老孟司《ようろうたけし》が口述筆記で著したのが、『バカの壁』である。2003年に、新潮新書レーベル創刊時に刊行されると、460万部を超える大ベストセラーとなった。

同書では「現代においては、そこまで自分たちが物を知らない、ということを疑う人がどんどんいなくなってしまった」として、教養を持つことの意義を強調している。

脳科学者の茂木健一郎《もぎけんいちろう》は「人との触れ合いとそれに伴う経験値、あるいは身につけた教養が豊かなほど、内部モデルのデータベースも豊富に蓄積されていく」（前掲記事より）として、次のように続けた。

「養老孟司さんはしばしば、『茂木くん、教養とは他人の心がわかるということなんだよ』とおっしゃっていた。それは決して情緒的な理想論ではなく、脳科学的な事実なのだ」

ダイバーシティ＝多様性が重視されるなか、人間関係においても、他者に共感し、自分と違う価値観を受け入れることが求められる。

それぞれの思いがすれ違ってしまい、トラブルに直面したときも冷静になれるように、胸の奥にしまっておきたい言葉だ。


「わからない」「理解できない」という気持ちが、他者への恐れを引き起こす。本を読み、人の話を聞いて教養を持つことの意義を教えてくれる「神回答」だ。

第3章

心が奮い立つ「神回答」

神回答 31

想像力さえあれば、太古でも未来でも、宇宙にだって行ける

戸田奈津子（翻訳家）

翻訳家の仕事について問われて（「字幕翻訳家・戸田奈津子さん　根底にある『自分のことは自分で決める』という哲学」女性セブン、2022年8月18・25日号／本文のコメントも同出典）

夢を叶えるきっかけは、いつだって、たった一つの行動である。

戸田奈津子《とだなつこ》の場合もそうだった。高校生の頃から、映画を熱心に観るようになり、字幕翻訳の巧みさに気づく。大学3年生で「字幕翻訳の仕事がしたい」と熱望する。

しかし、どうやってそんな仕事に就けるのか、まったく見当がつかない。努力する方法

すらわからないまま、映画の最後に映し出された「日本版字幕　清水俊二《しみずしゅんじ》」を頼りに電話帳で住所を調べて、本人に手紙を送った。数週間後に返事が来て会う機会を得るものの、「この仕事に就くのは難しい」と告げられてしまう。それでも戸田はあきらめず、暑中見舞いや年賀状で「字幕の仕事をあきらめていません」とアプローチし続けた。

その結果、10年後に配給会社から「あらすじ」の制作依頼が舞い込んでくる。そして、さらにその10年後、ようやく字幕の仕事をするチャンスを得る。出世作となる「地獄の黙示録」の字幕を担当したのは、43歳のときのことだ。

長い下積み時代を経て、1500本を超える洋画の字幕を担当した戸田。「タイタニック」「E．T．」「ミッション：インポッシブル」など数々の名作に携《たずさ》わることとなる。

雑誌のインタビューで、翻訳家の仕事について問われたときに、戸田が答えたのが冒頭の言葉だ。思えば、机の前にいながら時空を超えられるのだから、これほど刺激的な仕事はそうそうないだろう。無限の可能性を感じさせる言葉として、1年間で最も素晴らしい伝え方を決める「伝え方グランプリ」で、2022年のグランプリに選ばれている。

自分が選んだ仕事の醍醐味を言語化することで、その魅力に改めて気づくこともある。原点に立ち返り、心を奮い立たせたいときにやってみよう。

神回答

32

藤井四段に勝てておめでとうというほど、佐々木勇気は弱い棋士ではない。そして僕も彼に負けているつもりはない

三枚堂達也（将棋棋士）

佐々木勇気が藤井聡太の連勝を止めたことについて（出典：「棋士のそばから。」連載第5回「物語じゃないから面白い」松谷一慶著、ほぼ日刊イトイ新聞、2017年9月9日）

一体、誰があの怪物を止められるのか？

第1局から連勝が止まらない藤井聡太の登場に、将棋界は騒然となった。デビュー戦の

鮮烈さは、棋士の高野秀行《たかのひでゆき》が語った通りである（２０８ページ参照）。

その強さの源について、谷川浩司《たにがわこうじ》十七世名人は「NumberWeb」（２０２３年2月26日）で「答えが出ない局面を前にいつまでも考え続けられる力」だとしている。

結局、30勝を目前とした29連勝で、藤井の記録は止まる。

勝利したのは、佐々木勇気《ささきゆうき》だ。マスコミが騒ぎ立てるなか、コメントを求められて、棋士の三枚堂達也《さんまいどうたつや》が答えたのが、この言葉である。

こんなことで「おめでとう」なんて言わない。なめてもらっちゃ困る。そんなレベルの棋士じゃない。彼も、そして自分も――。

そんな熱い思いが凝縮した神回答だ。

佐々木とは子どもの頃から競い合ってきた仲だけに「快挙」と騒がれることが、ライバルをおとしめられたようで、不本意だったのだろう。

その後、この言葉通りに、三枚堂も藤井に勝利し、藤井は2敗目を喫する。ドラマのような展開とはこのことだろう。

関係性によっては、大げさに褒めないことが、最大の祝福となる。普段通りで、当然やるだろうと思っていた、というメッセージもまたじわりとうれしくなるものだ。

神回答
33

好きなことをやり続けたら、まわりがあきらめてくれるのよ

矢野顕子（ミュージシャン）
アーティストで俳優の「のん」から「やりたいことを貫くには？」と聞かれて（出典：「のんさんがどうしても矢野顕子さんに聞いてみたかったこと」斉藤勝寿著、朝日新聞、2022年10月30日／本文のコメントも同出典）

「超個性派シンガーソングライター」と表現されることもある、ミュージシャンの矢野顕子《やのあきこ》。独創的な歌声で優しい世界観を創り上げる——そんな矢野ワールドに魅《み》せられた一人が、アーティストで俳優の「のん」だ。矢野への憧れをこう語っている。

「歌声、曲、ピアノの演奏だけでなく女王様のような存在感も、矢野さんの全部が好きで

どうしてもお会いしたかった」

その願いは、2017年に刊行したフォトブック『創作あーちすとNON』（太田出版）の企画で実現する。「どうやったら、やりたいことを貫いている矢野さんのようになれるのですか？」と尋ねたときに、矢野から返ってきたのが、冒頭の言葉である。

自分にやりたいことがあり、誰かに認めてもらう必要があるとき、人はどうしても相手を説得しようとする。しかし、価値観は人それぞれで、意見を変えさせるのは簡単ではない。説得を重ねているうちに、つい苛立《いらだ》ちを覚えてしまうことも……。

「説得する」のではなく「やり続けてあきらめてもらう」という矢野の「神回答」は、まさに発想の転換だ。のんもこう感服している。

「こんな言葉は矢野さんからしか聞いたことがない。かっこいいなと思いましたね。余計なことを考えずに、シンプルにやりたいことをやろうと思うようになりました」

説得せずとも許される範囲で、まずは小さな一歩を踏み出そう。相手の意見を変えることよりも、自分の「やりたい」という気持ちをより高めていこうではないか。

偉人のナイチンゲールは、裕福な家に生まれたため、看護師になることを猛反対されたが、病院見学を積み重ねて、両親をまさに「あきらめさせた」。まずは小さな行動から。

神回答
34

努力が報われるなんて
絶対に思っちゃいけない

明石家さんま（お笑いタレント）
「努力は必ず報われる」という言葉について（出典：「『努力は必ず報われる』論争に明石家さんま参戦　『そんなこと思う人はダメですね、間違い』」J-CASTニュース、2014年6月9日／特記のない本文のコメントも同出典）

努力は報われるのか――将棋棋士の羽生善治は著書『決断力』（角川新書、２００５年）でこんな持論を述べている。

「何かに挑戦したら確実に報われるのであれば、誰でも必ず挑戦するだろう。報われないかもしれないところで、同じ情熱、気力、モチベーションをもって継続してやるのは非常に大変なことであり、私は、それこそが才能だと思っている」

努力は報われないかもしれないからこそ、する価値があるという発想は斬新だ。

明石家《あかしや》さんまは、「努力が報われるなんて絶対に思っちゃいけない」とまで言っている。MBSラジオ「MBSヤングタウン土曜日」（2014年6月7日放送）でアイドルが「努力をしていれば必ず誰かが見てくれていて、報われることがわかりました」と発言すると、「それは早くやめたほうがええね、この考え方は」とバッサリ。理由についてこう語った。

「こんだけ努力してるのに何でってなると腹が立つやろ。人は見返り求めるとろくなことないからね。見返りなしでできる人が一番素敵な人やね」

元メジャーリーガーのイチローも「見返りを求める姿勢が駄目」と語る（「イチロー氏高校生から目標達成後に大切なこと問われ　WBCで世界一の栄冠も『残酷だけど…』」スポニチ、2023年12月17日）。己を信じて、自然体で突き進もう。

表現の仕方はそれぞれだが、「努力に結果を求めるべきではない」という点では共通している。重要なのは、途中でどんな結果が出ようと、努力を継続することだ。

神回答
35

最終的には胸糞の悪い自分のために やるしかないわね

矢沢永吉（ロックスター）
「足を払われたときの起き上がり方」について（出典：「永ちゃん 俺たちはもう一度走れるだろうか」NHKスペシャル、2006年2月26日放送／特記のない本文のコメントも同出典）

「何が自分に合ってるか、それを真剣に考えろ」

矢沢永吉《やざわえいきち》の自伝『成りあがり』（小学館、1978年）を読んで、「エーちゃん」からのそんな問いかけに、心を震わせた高校生がいた。のちに、直木賞作家となる重松清《しげまつきよし》である。重松は矢沢の年譜を作り、自身の人生と照らし合わせながら、発奮材料にした。

矢沢のこんな言葉も、人生の局面で思い出されたという。

「人間は、ある程度キツイ目にあわなきゃいかんのよ。萎縮しちゃうやつもいるけど、バイタリティになる。なにくそ、冗談じゃない。そう思えるだけ、オレは幸せだったかもしれないね」（『成りあがり』）

そんな重松からすれば、夢のような時間だったことだろう。NHKスペシャル「永ちゃん　俺たちはもう一度走れるだろうか」で矢沢永吉を特集したとき、重松がインタビュアーとして、矢沢にさまざまな質問をしている。

矢沢は「打たれ弱くていいけど、倒れてもいい、俺はもうダメだって、くだまいてヤケ酒飲んでもいいけど、しばらくしたらむくっと起きてこい、と」。そして冒頭の言葉を続けた。

矢沢は部下に裏切られて35億円の負債を抱えたが、7年で完済。胸糞悪い自分に言い訳することなく起き上がり続けて、見事に困難を乗り越えている。


かっこいい自分ばかりじゃない。長い人生、むしろかっこ悪いときのほうが多いかもしれない。それでも自分自身に失望しないよう、やれることを全力で。

神回答
36

今の自分では実現できない夢を持つことです

本田圭佑（プロサッカー選手）
努力ができるようになるには（出典：本田圭佑公式Xアカウント、2017年7月3日）

長期的な目標もあれば、今日1日でやるべき短期的な目標もある。目標が定まれば、それに向かってひた走っていく。その繰り返しが、人生である。

だとすれば、大きな目標を一つ、持っておいたほうがいい。それを人は「夢」と呼ぶ。サッカー元日本代表の本《ほん》田《だ》圭《けい》佑《すけ》は、小学校の卒業文集でこう書いている。ユニクロのCMで朗読されると大きな話題を呼んだ。

「ぼくは大人になったら　世界一のサッカー選手になりたいと言うよりなる。世界一になるには、世界一練習しないとダメだ。だから　今　ぼくはガンバッている。今はヘタだけれどガンバッて、必ず世界一になる」

小学生で世界一を目指している時点で圧倒されるが、さらに驚かされるのはこの次だ。

「Wカップで有名になって、ぼくは外国から呼ばれて　ヨーロッパのセリエAに入団します。そして　レギュラーになって　10番で活躍します」

本田は本当にこの夢を実現させて、ACミランで10番を背負う。そんな本田のもとには「努力がもっとできるようになるにはどうすればよい？」という相談が、子どもから大人まで多くの人から寄せられるのだという。

それに対して、本田がいつも言っている答えが冒頭のものだ。さらに「夢や目標こそが唯一の努力を続ける際の希望だ」とも言っている。努力するモチベーションを保ってくれるのが、とてつもないデカい夢なのだろう。


どれだけ遠い目的地でも、毎日歩けば、少しずつ近づく。大事なのは、目的地を決めるときに妥協しないことだ。

神回答
37

オレは生まれた時から勝者だったし、死ぬ時も勝者でいるつもりだ。負けるという事にフォーカスしない

フロイド・メイウェザー・ジュニア（プロボクサー）
負けることへの恐怖を聞かれて（出典：「メイウェザーに聞いた『なぜ闘い続けるのか？』　全てを手にしたレジェンドが貫く哲学」角野敬介著、ENCOUNT、2022年9月24日）

元プロボクサーのフロイド・メイウェザー・ジュニアは、50戦50勝と無敗の戦績を誇り、史上初の無敗での5階級制覇を達成。ボクシング界において、不動の金字塔を打ち立てた。ボクサー引退後は、総合格闘家として活躍。一度も負けていないことから、インタビュ

ーで「負けることへ恐怖を感じることはありますか」と聞かれて、答えたのがこの言葉だ。敗北を考えないメンタルの強さが、不敗の記録を作ってきたのだろう。往年の名ゴルファー、アーノルド・パーマーも、次のような言葉を残している（『天才100の言葉』山口智司著、彩図社、2008年）。

「絶対勝つと思ったら、勝つ。高く昇ろうと思ったら、高いところを思え。勝つのは、たいがい、勝てると思っている人間だ」

そんなふうに自信を持つには、どうすればよいのか。ユーチューブでは、メイウェザーが「時間」について語る動画が、多くの視聴者の心を打ち、拡散され続けている。

「8時間は寝ている。8時間働いている。これで16時間経過した。朝昼晩、食べれば19時間。身支度に1時間。これで20時間経過した。残りの4時間を無駄にはできない」（ユーチューブチャンネル「JustUp」、2022年9月30日）

限りある人生だからこそ、時間を制して、充実した1日を重ねていく。そのことが自信となり、勝利への確信へとつながる。

ポジティブで強気な人と接すると「自分とは違う人間だ」「才能からしてかなわない」と思ってしまいがちだが、そのメンタルに至るまでの努力や哲学に目を向けよう。

神回答
38

（「密着取材するとカッコよくなっちゃう？」と問われて）なっちゃうよね。だって真剣にやってんだもん

江頭2:50（お笑いタレント）
ドッキリ企画での受け答えのなかで（出典：「この動画は本当に公開していいのか？」エガちゃんねる EGA-CHANNEL、2022年3月21日／本文のコメントも同出典）

江頭《えがしら》2：50は、下ネタや脱ぎネタで周囲を騒然とさせる、型破りなお笑いタレントだ。雑誌などのアンケートによるランキング企画では「嫌いな芸人No.1」「抱かれたくない男No.1」の常連だったが、ユーチューブチャンネル「エガちゃんねるEGA-CHANNEL」を開設すると、たった9日でチャンネル登録者が100万人を超える。現在は420万人を

突破しているのだから、すさまじい人気だ。

ユーチューブチャンネルで、「NHKの『プロフェッショナル』のオファーが来たらどうするか」というドッキリ企画を仕掛けたところ、江頭は「それは、辞める」と即答。

その理由として「カッコつけたくないんだよ」と明かす江頭に対して、仕掛け人が「江頭さんを密着するとカッコよくなっちゃうんですか?」と尋ねたときの答えがこれだ。

江頭は、カメラにずっと密着されるのが嫌だということも、「プロフェッショナル」のオファーを断る理由として挙げている。

「撮られることにものスゴい負担がかかると思う。本番前とか……クオリティがどんどん下がっていく」

これはカメラが回っていると知らないなかでの発言。江頭のプロフェッショナルぶりがよく伝わってくる。ドッキリだとネタ晴らしが行われると、冒頭の言葉について「肛門見られるより恥ずかしい」と悶絶した江頭。一切取り繕わない、このスタンスこそが、これだけの支持を集めている理由だろう。


どんなことでも真剣にやれば、かっこよくなる――。すべての職業の人が励まされる「神回答」である。

神回答
39

僕は役者でCMタレントじゃない。これで仕事が来なくなっても一向に構いません

山田孝之（俳優）
「全裸監督」でAVの帝王を演じたことについて（出典：「山田孝之、村西とおるの「『全裸監督』主演で仕事に支障は？」という質問へ神回答」デイリー新潮、2019年9月13日／特記のない本文のコメントも同出典）

「日本のアダルトビデオ業界」という特殊なテーマが、世界的な関心を呼び寄せることになった。ネットフリックスの日本オリジナル連続ドラマシリーズ「全裸監督」のことだ。もっとも本作が世界的ヒット作となったのは、モデルとなった「AVの帝王」村西《むらにし》とお

るの圧倒的な存在感が大きな要因だろう。村西は前科7犯、借金50億円、そして、アメリカ司法当局から懲役370年を求刑されているという。メチャクチャである。

そんな個性的すぎる人物を演じるとなると、不安になるのが当然だろう。これまでのイメージを損なってしまうかもしれないからだ。

本作の主演を務めた俳優の山田孝之《やまだたかゆき》に対して、村西が心配になって「こんな役柄を演じたら仕事が来なくなるんじゃないの？」と尋ねたところ、返ってきたのが、この言葉だという。覚悟を持って新境地に挑んだことが、ひしひしと伝わってくる。村西は「なんて立派な心構えだろうと感服しました」と感動を伝えている。

これまでのイメージにはない役を演じることで開かれる扉もあるのだろう。歌舞伎俳優の十代目坂東三津五郎《ばんどうみつごろう》も、さまざまな役を引き受けて観客を驚かせている。その理由について「一役者として、ほとんど使われていない細胞もあるはずなんです。それを刺激するような作品に巡り会いたい」（「初の井上ひさし作品にして、初のひとり芝居！『芭蕉通夜舟』を演じる坂東三津五郎の心境は？」チケットぴあ、2012年5月21日）と語っている。

イメージ通りの仕事ばかりでは、どんなビジネスでも生き残っていくことは難しい。リスクを恐れずに新境地を開拓することで、新しいステージに上がっていくことができる。

神回答

40

バスケはすっごい、すっごい楽しいです

八村塁（プロバスケットボール選手）

明成高校時代に大会の優勝インタビューにて（出典：「『バスケはすっごい、すっごい楽しい』八村塁がNBAレイカーズで思い出した“原点”とは？ 敏腕コーチと最高のお手本に囲まれた濃密4カ月」宮地陽子著、Number Web、2023年5月30日／本文のコメントも同出典）

「クレイジーですね。現実じゃないような気もします」

当時、アメリカのワシントン州にあるゴンザガ大学でプレーしていた、バスケットボール選手の八村塁《はちむらるい》。インタビューで興奮気味にそう語ったのも、無理はない。

全30チームが新人を指名するNBAドラフトにおいて、2019年にワシントン・ウィザーズから1巡目全体9位指名を受けたのだ。NBAで日本選手がドラフト1巡目指名されるのは、初めてのことだった。

パワフルなプレーと高い身体能力で得点を量産する八村。高校時代、ウインターカップでの優勝インタビューでは冒頭のように答えている。

この言葉こそが、八村の原動力といってよいだろう。NBAに入って4年後、八村はこう振り返っている。

「高校のときもずっと楽しかったわけじゃない。苦しいことを乗り越えて優勝するとか、自分で達成感を出すことによって、楽しさっていうのが僕にわいてくると思う。（NBAに入ってからの）この4年間も、ずっと見るとすごい苦しかったときも多かったと思うんですけど、最終的にこう振り返ってみると楽しかったなっていう感じなので、そういうのがやっぱり大事じゃないかなと思います」

2023年にはロサンゼルス・レイカーズへ移籍。伝説はまだ始まったばかりだ。

どんな成功にも苦労はつきものだが、その険しい道のりさえも楽しめたときに、大きな壁を乗り越えられる。楽しんでいる者が、いつだって一番強い。

神回答
41

たくさん技がある人は一つも怖くなかったです、型を持っている人間が一番怖かったです

白鵬（大相撲力士）
引退会見で若い世代へのメッセージとして（出典：「【LIVE】横綱 白鵬 引退会見　SUMO」日本相撲協会公式チャンネル、2021年10月1日／本文のコメントも同出典）

歴代横綱で最強力士は誰か。大鵬《たいほう》、千代《ちよ》の富士《ふじ》、朝青龍《あさしょうりゅう》……答えは人それぞれだろうが、数字の面でいえば、史上最強力士は白鵬《はくほう》だ。

最多幕内優勝（45回）、最長横綱在位（84場所）、最多幕内通算勝利（1093勝）、最多

通算勝利（1187勝）、最多幕内全勝優勝（16回）……いずれも、現役時代に達成した記録で、ギネス世界記録として認定されている。

そんな白鵬は、右膝の状態が悪化したことから、2021年9月に現役を引退。引退会見で「若い世代へのメッセージやエールがあれば」と問われて、次のように答えた。

「基本を大事にして、まずは型をつくって、その型ができあがったときに型を破る、まさに『型をもって、型にこだわらない』。これができていれば、必ず強くなっていくんじゃないかなと思います」

そのあとに続けたのが、冒頭の言葉だ。最強力士をもってして怖かったのが、「自分の型を持つ人」というのは、含蓄《がんちく》がある。スポーツだけではなくビジネスでも、つい競争相手を意識して、あれこれと新たな武器を持とうとしがちだ。しかし、自分のスタイルを持ち、それを磨き上げることこそが王道だと、白鵬の言葉は気づかせてくれる。

一人のアスリートとしての競技人生を振り返る引退会見では、物事の本質を突く「至言」が放たれることが多い。最強力士の白鵬もまた、去り際に「神回答」を残した。

勝負事において、武器はたくさんあるに越したことはないし、引き出しも多いほうが安心できる。でも最も大切なことは、何があっても揺らがないスタイルを持つこと。

第4章

相手に寄り添う「神回答」

神回答
42

全ての創作物は既存の芸術の影響を受けています

坂本龍一《さかもとりゅういち》の曲を盗作したのではないか――。
そんな疑惑がかけられたのが、韓国で歌手や作曲家として活動するユ・ヒヨルだ。「ユ・ヒヨルの生活音楽」というプロジェクトを通じて公開された新曲「とても私的な夜」という楽曲が、坂本龍一の「Ａｑｕａ」と似ていると指摘されたのである。

坂本龍一（作曲家）
自曲が盗作された疑惑に関して（出典：「『私の長年の考えは…』坂本龍一さんの盗作疑惑を謝罪した韓国歌手への対応が素晴らしい。心が海のように広かった」ハフポスト日本版、2022年6月23日／本文のコメントも同出典）

疑惑に対して、ユ・ヒヨル側は「検討した結果、曲のメインテーマが類似していることを認めます」とコメント。曲が酷似した背景について次のように説明して、謝罪した。

「長い間、最も影響を受け、尊敬していたミュージシャンなので、無意識に覚えていたメロディーで曲を書くことになりました。発表当時は、自分の純粋な創作物だと考えていたが、2曲の類似性は認めざるを得ませんでした」

そんな対応を受けて、坂本は公式サイトで「2曲の類似性はありますが、私の作品である『Ａｑｕａ』を保護するための法的措置が必要なレベルであるとは考えられません」として、「私の楽曲に対する彼の大きな敬意が見られました」とコメントしている。

坂本は、さらにこう続けている。

「私には、私が愛し、尊敬し、多くの事を学んだバッハやドビュッシーからも明らかに強い影響を受けている曲がいくつかあります。しかし私がバッハやドビュッシーのようなレベルで自分を見ているわけではないので、誤解はしないでください」

そして冒頭の「神回答」を述べている。盗作騒動から一転して、温かな交流が生まれた。


トラブルに巻き込まれたときにこそ、人の本質が出る。相手に過失があるときでも、冷静に対応する大切さを教えてくれる「神回答」だ。

本書では、秀逸な切り返しを「神回答」と呼び、そこからどんなことが学べるかを解説している。

神回答
43

遠慮なさらずに喜んでください

横田滋さん（日本人拉致被害者家族）
生存がわかった被害者の家族を気遣った言葉（出典：「諦めず立ち上がる　言葉から振り返る横田早紀江さんの思い」新潟日報、2002年9月17日）

だが、この言葉について、私は「とても自分には言えない」という思いを抱かざるを得ない。また事件の被害者の言葉を「神回答」とする表現自体がそぐわないだろう。本書に収載すべきか最後まで迷ったが、広く知ってもらうために紹介することにした。

なお、本書に登場する著名人たちの敬称は略させてもらっているが、横田滋《よこたしげる》さんは事件の被害者なので「さん」付けで記載する。

2002年9月17日、初となる日朝首脳会談が行われた。北朝鮮側は長年否定していた日本人の拉致《らち》を初めて認めて謝罪。再発の防止を約束することとなった。

このときに、新潟県柏崎《かしわざき》市の蓮池薫《はすいけかおる》さんら5人の生存が明らかになる一方で、横田さん夫妻には「めぐみさん死亡」という北朝鮮側からの非情な発表が伝えられた。

そんななか、横田滋さんが声を詰まらせながら、生存がわかった被害者の家族を気遣って言ったのが、この言葉だ。

それから約20年という月日が流れ、横田滋さんはめぐみさんとの再会を果たせぬまま、2020年に87歳で亡くなっている。

どれだけ自分がつらい状況でも、他人を思いやる。「寄り添う力」の偉大さに、改めて気づかせてくれる言葉。

神回答
44

喪失感というものが、ずっとあるかもしれないんだって思って、じゃあもう大事に抱えて生きていこう、自分の一部として……

宇多田ヒカル（シンガーソングライター）
インスタライブの視聴者からの質問に答えて（出典：「ヒカルパイセンに聞け！ 2021.06.26 パート2」ユーチューブ公式チャンネルHikaru Utada、2021年6月26日／本文のコメントも同出典）

かけがえがない大切な人に、もう会うことができない。まさに身を切るような悲しみと、どんなふうに向き合うべきなのだろうか。

シンガーソングライターの宇多田《うただ》ヒカルが行ったインスタライブ番組で、視聴者から次のような質問が寄せられた。

「母が亡くなって今年で10年になります。亡くなった直後よりもここ最近のほうが、悲しい、寂しいといった感情を覚えることが多く悩んでいます。再会の叶わない人への思いはどのように断ち切るべきなのでしょう」

宇多田は「断ち切らなきゃいけないことじゃないと思う、ってまず言いたくて」として、同じく母を亡くしている自分の思いを吐露《とろ》しながら、アドバイスを行った。

時が経ってから悲しみをより感じるようになったことは「そういうものを感じる準備ができてきたから」と表現。断ち切れない喪失感の捉え方について、冒頭のように語った。

その後、「……って思った瞬間に、なんか母親にもらったプレゼントを大事にしているみたいな、気持ちに切り替わったの」と続けている。

大きな悲しみを抱えて生きていくのはつらいことだ。だが、それは大切な人がいなければ、抱けなかった感情であることもまた事実。喪失感も「大切な人からのプレゼント」だと思えば「無理に断ち切る必要はない」と自然に思うことができるかもしれない。

人間関係から「悲しさ」「寂しさ」などマイナスの感情を抱くこともまた、人生の醍醐味なのかもしれない。そんなふうに思える「神回答」だ。

神回答
45

可愛くなんていつでもなれるよ。いまはその場でベストを尽くすの。対抗しても仕方ないわ

Matt(アーティスト)
学校でメイクをしてはいけない理由について(出典:「Matt『学校でなんでメイクしたらダメ?』の疑問に神回答…ファン『素晴らしい』『すごく救われます』」スポーツ報知、2023年3月8日/本文のコメントも同出典)

学校や会社をはじめ社会にはさまざまなルールがあり、人によっては「なぜ、これを守らなければならないのか?」という規律もあることだろう。親や教師、職場の上司など、ルールを守らせる立場からすると、対応がなかなか難しい場面もある。

不満の声が上がったときに「ルールは守ろう」とただ伝えるだけでは、相手の心に響かないばかりか、「話しても仕方がない」と失望されてしまうかもしれない。

アーティストのMatt《マット》の受け答えは、参考になりそうだ。インスタグラムのストーリーズに寄せられた「学校でなんでメイクしたらダメなんでしょうか」という問いかけに、Mattはまず「分かるよ。すっごい分かる」と同情を示した。

そのうえで、「身だしなみ検査で叱られたことよりも友人との楽しい思い出が心に残っている」と明かして、冒頭のように語った。

フォロワーからは、「校則を守ろう！　ではなく人に寄り添った素晴らしい言い方」と大反響を呼ぶこととなった。ルールへの反発をただ「いけないこと」とするのではなくて「制限のなかでベストを尽くそう」と呼びかけているので、共感を呼びやすいのだろう。

もちろん、ルールを守らせる側がそのまま応用すると「同じ意見なら何とかしてくださいよ」と思われてしまうかもしれない。アレンジが必要だ。傾聴の姿勢を忘れずに、一緒に考える。そんな姿勢を取り入れると、納得感を得られやすいだろう。

頭ごなしに否定してしまうと、対話する機会自体が失われかねない。寄り添うことで初めて、自分の言葉を届けられる。

神回答
46

愛してる人が浮気して離れたいなら幸せになんなよって行かしてあげな！

みやぞん（お笑いタレント）
「浮気した恋人に復讐したい」という相談に対して（出典：みやぞん公式Xアカウント、2023年10月22日／特記のない本文のコメントも同出典）

心から愛している恋人が、自分のもとを立ち去ろうとしているならば、誰だって心穏やかではいられないだろう。その原因が相手の浮気だったとすれば、なおのことだ。

みやぞんは、日本テレビ系「世界の果てまでイッテQ！」などで活躍中のお笑いタレント。常にポジティブに見えるので、そのパワーにあやかろうと、悩み相談を受けることも多いようだ。SNSで「6年付き合った彼に浮気され別れましたが復讐したいと相談きたんで答えます！」と書き出して、冒頭のように答えている。

その後、「そんな素敵なあなたはもっと良い人が来ます。過去振り返ってみて、次付き合う人のが大概良いよ！」と続けて、相談者を励ました。

別れはいつも突然訪れる。「なぜ？」という思いがどうしても胸に去来してしまうが、相手の心変わりを責めても空しい。ぐっとやせ我慢をして「いい女」「いい男」としてフィナーレを飾る。そうすれば、よりよい次の出発が待っているという理屈は、腑《ふ》に落ちる。

2019年8月21日放送の日本テレビ系「スッキリ」では、「仕事をする上で一番大切にしていることは？」という質問に、「明るく楽しく」と答えたみやぞん。それでも落ち込むことはあるけれども、「自分を責めないようにしてます」と、心の持ち方を語った（「みやぞん、ネガティブな気持ちになった時の〝対処法〟明かす『自分を責めない』」エキサイトニュース、2019年8月22日）。合わせて参考にしたい。

相手も責めず、自分も責めない。相手と会うのがこれで最後になるならば、素敵な自分でいたほうがいい。そう気づかせてくれる「神回答」だ。

神回答
47

大切な友だちができる時期、小さなカゴの中でだれかをいじめたり、悩んでいたりしても楽しい思い出は残りません。外には楽しいことがたくさんあるのにもったいないですよ。広い空の下、広い海へ出てみましょう

さかなクン（魚類学者）

いじめを受けている人へのメッセージとして（出典：「（いじめられている君へ）さかなクン『広い海へ出てみよう』」さかなクン著、朝日新聞、2015年8月30日／本文のコメントも同出典）

「さかなクン」の名を聞けば、トレードマークの「ハコフグ帽」をかぶる姿が思い浮かぶ。幼少期から魚の魅力にとりつかれて、魚の絵ばかりを描き続けた。勉強は全然できなかったが、母はとがめるどころか「あの子は絵が好きで、お魚が好きなんだから、それでいい」とバックアップに徹してくれたため、さかなクンは好きなことに没頭。今や東京海洋大学

客員教授となり、大好きな魚の研究を日々行っている。

そんな、さかなクンが朝日新聞で「いじめられている君へ」というメッセージを打ち出すと、大きな反響を呼んだ。自身の友人がある日、突然、仲間外れにされた経験を語りながら、魚もまた小さな水槽だと意地悪をするとして、こう綴《つづ》った。

「広い海の中ならこんなことはないのに、小さな世界に閉じこめると、なぜかいじめが始まるのです。同じ場所にすみ、同じエサを食べる、同じ種類同士です」

そして、いじめを受けている子、そして、いじめに加担してしまっている子にも、冒頭のようなメッセージを送った。

いじめに対して、「もっと広い世界に目を向けよう」というメッセージはよく耳にする。その理由として「いじめが起きるのは狭い世界に閉じ込められているから」と、狭い水槽にいる魚の生態になぞらえながら伝えているのがユニークで、かつ、わかりやすい。

ちなみに、さかなクンが帽子のトレードマークに「ハコフグ」を選んだのは、大きな魚がいるなかで、小さい体で懸命に泳ぐ姿に心を打たれたからだとか。

大海へと漕ぎ出す自分をイメージするのに、これ以上ない、いじめ問題への「神回答」である。

神回答
48

男にモテるだけの人生でいいのか

上沼恵美子（タレント）
顔にコンプレックスがあるという悩みに対して（出典：「第4回上沼恵美子の人生相談〜お姉ちゃんも来てくれました〜」上沼恵美子ちゃんねる、2022年12月26日／特記のない本文のコメントも同出典）

コンプレックスを打ち明けられたら、どんな言葉で相手を勇気づけられるだろうか。

タレントの上沼恵美子《かみぬまえみこ》は自身のユーチューブチャンネルで「私は自分の顔がコンプレックスで、人と比べて劣等感を抱いてしまいます」という悩みが寄せられると、「人生は100年か、今。長いねん」として冒頭のように投げかけた。さらにこう続けている。

「これからあなたの積み重ねの人生、まあ仕事もそうだし、プライベートもそうだし、そんなものがレンガみたいに積み重なっていったときに、どんな素敵な教会が、サグラダ・ファミリアみたいなのができるかわからへん。これからやんか。あなたが顔を決めるんやで」

外見について、ファッション・デザイナーのココ・シャネルはこんなことを言った。

「20歳の顔は自然がくれたもの、30歳の顔は、あなたの生活によって刻まれる。50歳の顔には、あなた自身の価値が表れる」（『ココ・シャネルという生き方』新人物文庫、2009年）

まさに同じことを「上沼節」にすれば、こんな痛快な「神回答」になるということだろう。上沼は「努力しなくて済むのよ、べっぴんはね。せやけど、それはどないやろ、という話になってくるわけですわ」とも言っている。

恵まれている分、中身を磨くことがおろそかになりやすい。そう考えれば、学生時代に器量がやたらとよかった美男美女が、必ずしも社会に出てから、順調ではなかったりする理由もよくわかる。自然がくれた20歳の顔にこだわることはやめよう。自分の価値観が現れる50歳からの顔を磨こうではないか。

140年以上にわたり建設が続く「サグラダ・ファミリア」に例えられれば、自分の顔を作っていくのが、むしろ人生の楽しみになりそう。充実したよい経験を積もう。

神回答
49

私は逆に
その息子が自分で
（部活をやめたいと）
そうやって言う時点で
すごいなって思う

藤本美貴（タレント）
子どもが部活をやめたいのをどうすればいいかという質問に（出典：「【3児の母ミキティ】ママプロフィールを改めてお伝えします!!」ハロー！ミキティ/藤本美貴チャンネル、2023年11月7日／本文のコメントも同出典）

子どもを育てていくにあたって、大事なのは「まず相手に寄り添うこと」。そんなことは重々わかっていても、いざ予想外の言葉を投げかけられると、動揺したり感情的になったりしてしまうものだ。あとで冷静になり後悔することが子育てでは少なくない。

子育てに限らず、相談を持ちかけられたとき、相手が前進できるようなアドバイスをするには、どんなスタンスをとればよいのだろうか。

「いきなり子どもが部活をやめたいと言い出した」

タレント・藤本美貴《ふじもとみき》のユーチューブチャンネルに、中学2年生の子を持つ母親からそんな相談が寄せられた。子どもが部活をやめたい理由は「部活がハードなために勉強の両立が難しい」というもの。相談者としては「一回休んでもいいんじゃないかな」と考えているという。しかし、息子に部活を続けさせたい夫が「諦め癖がつく」と反対しているので、困っている……その悩みに対して藤本が言った言葉がこれだ。理由もこう語った。

「子供って、部活も一生懸命やって、眠いけど勉強もやっちゃう……みたいな、どっちもアップアップしているのに、やり続けるのが子どもなのかなって思いきや……冷静に、『僕、ちょっと体力無理かも』って言っている時点ですごい。私だったら一回やめてみれば。やりたくなったらまたやってみればって言うかも」

相手が決断を下したプロセスに思いを馳せれば、並々ならぬ葛藤がそこにはあっただろうと気づけるはず。相手の価値観を尊重する神回答だろう。

相手の言動を否定したくなるときには、知らず知らずに自分の価値観に縛られているのかもしれない。まずはどんな意見も受け止めることから、スタートしよう。

神回答
50

教会は村に残しておいてくれ

クリスティアン・シュトライヒ（サッカー監督）
試合後の記者会見の場で（出典：「『ウンチが付いた靴は……』。試合後の会見で飛び出したフットボールの名言」田島大著、フットボリスタ、2021年10月28日／本文のコメントも同出典）

２０２１年10月23日、ドイツ・ブンデスリーガの試合で、ヴォルフスブルクがホームでの試合に敗退。公式戦で４連敗を喫して、８試合も勝利から遠ざかることになった。チームの監督で、元オランダ代表ＭＦマルク・ファン・ボメルは、翌日に解任されてしまう。

結果がすべての厳しい世界である。負け続けたら解任されるのは致し方がないことだ。そんななか、フットメディア社の田島大《たじまだい》は、敗戦後の記者会見で、相手チームの監督からの気遣いの言葉を拾って、記事にしている。

会見では、敗れたヴォルフスブルクのマルク・ファン・ボメル監督に、記者がスタジアムの様子から「退任を求めるチャント（掛け声）があったようだが？」と質問。監督は気づいていなかったようで、「今ここで初めてその話を聞いた。ファンは常に勝利を求めるものだからね」と暗い表情で答えたという。それに対して黙っていられなかったのが、敵チームのフライブルクを率いるクリスティアン・シュトライヒ監督だ。

「敗戦後なのでスタジアムは静まり返っていた。そんな中で4～5人が叫んだのかもしれないが、それはチャントではない。いずれにせよ、私にも聞こえなかった」

その後、この言葉を続けたという。ドイツの慣用句で「大げさにするな」の意味だ。記事によると、かつてキリスト教徒が列をなして村中を歩き回る風習があり、ほかの村に迷惑をかけていたことから「やりすぎ」「大げさ」という意味を持つようになったという。

立場や役割を超えて「おかしい」と思うことは口にする。つらい思いをしている相手がいるならばなおのことだ。咄嗟に相手をかばった、優しい「神回答」である。

神回答
51

なんだろう……。ここじゃないのかもしれない。斎藤佑樹さんにとっては、プロ野球選手って通過点なんじゃないですか

国分太一（タレント）
斎藤佑樹の「自分はなぜプロで活躍できなかったのか」の質問に対して（「『僕はなぜプロで成功できなかったんでしょうか』…斎藤佑樹の質問に国分太一が返した『驚き』の答え」現代ビジネス、2023年5月15日／本文のコメントも同出典）

ハンカチ王子――。かつて甲子園でそう呼ばれて、甲子園を沸かした斎《さい》藤《とう》佑《ゆう》樹《き》投手。高校卒業後は早稲田大学に進学するや否や、全日本大学選手権決勝で優勝投手となった。史上初の1年生MVPにも選出されたことについて「一生何か持っているというか、こういう人生なのかなと思います」という言葉を残して、話題になった。

大学4年のときには東京六大学野球の早慶優勝決定戦を制して、4季ぶり42度目の優勝に導いた斎藤投手。第100代主将として優勝スピーチを行い、さらなる名言を放った。

「何か持っていると言われ続けてきました。今日何を持っているかを確信しました……。それは仲間です」

しかし、プロ野球選手としては目立った結果を出せないまま、2021年に引退する。そんな斎藤との対談企画で、国分太一《こくぶんたいち》が「斎藤佑樹がなぜプロ野球で活躍できなかったのか」というテーマについて、本人から「太一さんだったら、この質問に何と答えますか」と問われた。何とも気まずい質問だが、国分は冒頭のように答えて、さらにこう続けた。

「80歳になった斎藤さんが自分の長い人生を振り返ったとき、プロ野球選手として過ごした時間は、実は自分にとってそんなに大切な時期ではないのかもしれません。それより先に、もっと大きな何かが待っている」

どれほどつらく苦しい挫折も、長い人生のなかでは、大きな「フリ」となる。どんな結末にするかは自分次第。そう考えると、すべては序章にしか過ぎないとすら思えてくる。


挫折や失敗はすべて通過点に過ぎない。人生100年時代を迎えて、特にそういえる。これからの自分次第で未来は輝く。そんなイメージを与えてくれる「神回答」だ。

第5章

視野が広がる「神回答」

神回答
52

天候によってつらい思いをされる人もいるので、コメントは控えさせていただきたい

松岡修造《まつおかしゅうぞう》(プロテニス選手、スポーツ解説者)
ネット上で「太陽神」と呼ばれていることについて記者から聞かれて(出典:「松岡修造、"天気ネタ"質問NGに! 記者の心の雲を晴らした生真面目すぎる"修造節"」サイゾーウーマン、2015年4月26日/本文のコメントも同出典)

松岡修造《まつおかしゅうぞう》が海外に出ると日本の気温が下がり、帰国すると気温が上がる――。そんな話が盛り上がってネット上では「太陽神」とも呼ばれている、元プロテニス選手の松岡修造。スポーツ番組やバラエティ番組で活躍する修造が、いつも一生懸命な「熱い男」だからこその笑い話である。

だが、修造にとって、天気の話題は冗談にできないことだった。

自身の語録が綴られたカレンダー『日めくり　まいにち、修造！』（ＰＨＰ研究所、２０１４年）の感謝祭が都内で行われたときのこと。記者から「太陽神説」について質問されると、修造は「そんなことで天候が変わっちゃったら、僕の責任が重すぎます」として、この言葉を続けた。

質問したほうからすれば、「そんなにマジに受け取らなくても……」とその場では思ったかもしれない。だが、想像を広げれば、天気によって農作物の収穫量が変わることもあれば、ずっと楽しみにしていたイベントがなくなることもある。言葉を反芻《はんすう》すればするほど、そんな世界中で日々あふれる悲しみに寄り添う「神回答」だと気づかされる。

修造の「熱さ」の裏にある「繊細すぎるほどの優しさ」。だからこそ、発せられるメッセージは見る人を勇気づけるのだろう。

現代社会においては、従来は問題とならなかったようなキャンペーンやＣＭでの文言が、ＳＮＳで炎上してしまう事案があとを絶たない。多方面への「寄り添い」が求められる。

自分の発言で傷つく人は本当にいないだろうか。この「神回答」にあるような細やかさこそが、今後ますますビジネスパーソンに問われてくる。

神回答

53

芸術家は作品の芸術性にだけ責任を持てばいい

スタンリー・キューブリック（映画監督）

自作が犯罪を誘発しているのでは、と問われて（出典：『〈映画の見方〉がわかる本―『2001年宇宙の旅』から『未知との遭遇』まで』町山智浩著、洋泉社、2002年）

映画監督のなかには「青春時代に映画の世界に魅了された」という経験を持つ人が多い。奇才スタンリー・キューブリックもまた、学校にはろくに行かず、地元の劇場で映画を観続けた。ニューヨーク・タイムズ紙の取材では「なぜ月並みのハリウッド映画を週8本も見ていたのかというと……」という自問に、「その大半のできが悪かったからだ」と答えて、こう補足している。「映画製作の個々の問題を認識する以前から、見た映画よりはましなものを僕なら作れるという確信を持っていた。実ははるかに良いものを作れるとさえ思っていた」（『映画監督スタンリー・キューブリック』ヴィンセント・ロブロット著、浜野保樹・櫻井英里子訳、晶文社、２００４年）。

この言葉通り、キューブリックは「博士の異常な愛情」「２００１年宇宙の旅」など斬新な作品を世に送り出し、名作として大きな反響を得ることになる。

「時計じかけのオレンジ」も物議をかもした。なにしろ公開時の宣伝コピーは「レイプとウルトラ暴力とベートーベンがオレの生きがい」。凶悪な犯罪者が国家によって矯正されるストーリーだ。

この映画に触発され、犯罪に走る若者たちが現れたが、責任を問われたキューブリックが突っぱねた言葉が冒頭のものだ。「人間の生のカオス」をあるがままに祝福するのが芸術だ、と考えたキューブリックならではの「神回答」である。

世にリリースしたものがあらぬ批判を受けたときは、自分や自社のスタンスを今一度、確認するよい機会だ。場あたり的な対応は避けて、じっくりと考えて回答しよう。

神回答
54

青春って、すごく密なので

須江航（仙台育英高校硬式野球部監督）
コロナ禍で過ごしてきた3年生にかける言葉を問われて（出典：「仙台育英監督『青春って、すごく密なので』　優勝インタビュー全文」朝日新聞、2022年8月22日／本文のコメントも同出典）

２０２０年、新型コロナウイルス感染症が世界的に猛威を振るい、日本でも感染者が急増。さまざまなスポーツイベントが延期や中止となり、全国高等学校野球選手権大会も戦後で初めて中止となった。

それから2年が経ち、２０２２年夏の甲子園では、仙台育英高校が春夏を通じて東北勢初となる優勝を果たす。甲子園での優勝インタビューで、コロナ禍を過ごしてきた3年生にかける言葉を問われると、須江《すえ》航《わたる》監督はこう振り返った。

「入学どころか、たぶんおそらく中学校の卒業式もちゃんとできなくて。高校生活っていうのは、僕たち大人が過ごしてきた高校生活とは全く違うんです」

何度も涙をぬぐいながら、さらにこう選手をねぎらった。

「青春って、すごく密なので。でもそういうことは全部ダメだ、ダメだと言われて、活動してても、どこかでストップがかかって、どこかでいつも止まってしまうような苦しい中で。でも本当にあきらめないでやってくれた」

青春ってすごく密——。この言葉が大きな反響を呼び、名フレーズとしてスポーツ史に刻まれることとなった。

「密を避ける」ことはコロナの感染拡大を防ぐために欠かせない対策だ。だが一方で、「密」とは人とのつながりにほかならない。とりわけ二度と来ない青春時代には、大切なこと。学生たちに寄り添う「神回答」となった。


今は「避けるべきこと」「やるべきではないこと」にも、大事な価値が潜んでいることがある。自分以外の立場になって、誰かの苦しみや悲しみに気づける人になりたい。

神回答
55

（「感情的な物言い」について）
どんな感情であれ、どんな正義があれ、不愉快なんですよね。その表現自体が

カズレーザー（お笑いタレント）
「ちゃんと怒れるようになりたい」と相談されて（出典元：「『生きてること』と『最後は死ぬこと』はあまり関係ない【カズレーザーコメント返し】」ユーチューブチャンネル カズレーザーの50点塾、2022年9月10日／本文のコメントも同出典）

「怒りっぽい性格に憧れる」という人は少ないだろう。すぐに怒るような感情的な人は、仕事でもプライベートでも周囲から距離を置かれてしまうだけだからだ。

それでも「ときには怒ったほうがよいのではないか？」「自分は言われた通りに従いすぎ

ているのでは？」と考え込んでしまうときもある。自分が軽んじられて、いつもやっかいごとを押しつけられてしまう。そう感じるときは、特にそうだ。

お笑いタレントのカズレーザーのもとにも、そんな相談が寄せられている。「ちゃんと怒れるようになりたい」という相談に対して、カズレーザーは「怒んなくてもいいんじゃないかなと思いますけど……怒らない人っていうのは重宝される」と返答。続けて「感情的なもの（物言い）」について、冒頭のような見解を述べた。

「怒れない」という悩みを持ってしまうときは、怒っている人が何かその場をコントロールしているように錯覚しがちだ。

しかし実のところ、周囲がひたすら気を遣い、内心はしぶしぶ対応しているに過ぎず、見かけほど怒れる人の思い通りにはなっていない。

怒りっぽい人のなかには「感情のコントロールができない」と苦しんでいる人もいる。そんな人からすれば「がんばっても怒れない」という人は、うらやましくて仕方がないだろう。落ち込むときほど、自分のよいところを見誤らないことだ。

自分に自信がなくなると、かけ離れたタイプの人のことを、うらやましく思いがち。だが、自分が抱えている内面の問題が、大切な個性でもあることを忘れずに。

神回答

56

役者にとって、悪は魅力的ですよ。普段の自分にはできない非日常なことをしているわけですから……どんな人でも、そういう悪の芽をいっぱい持っているんじゃないでしょうか

蟹江敬三（俳優）

悪役を演じることについて（出典：『役者は一日にしてならず』春日太一著、小学館、2015年／本文のコメントも同出典）

俳優の蟹江敬三《かにえけいぞう》は、テレビドラマや映画の刑事物や時代劇に数多く出演。一躍有名になったのは「悪役」としてだった。ときには、ハードボイルドな刑事ドラマ「Gメン'75」（T

ＢＳ系）のように、残酷な殺人鬼を演じたこともある。

時代劇研究家の春日太一《かすがたいち》によるインタビューで、そのときの気持ちをこう振り返った。

「当時は悪役ばかり来るわけですから、工夫しなきゃと思っていました。『その役を面白くする』っていうことを面白がるといいますか。その役の魂っていうか心根に入っていくわけです。そうすると、いい衝動が出てきたりするんですよ」

さらに悪役を演じる魅力について、冒頭のように答えている。

確かに、悪役が行う所業をもし実生活で行えば、人生は一変する。悪の所業は、非日常的な行為でありながら、非現実的な行為とまでは言い切れない。悪役を演じるのは、まさに俳優ならではの体験と言えそうだ。

同インタビューでは「悪っていうのは自分にありえたかもしれない人生だと考えると、役に入りやすい」とも。

想像力を働かせれば、どんな仕事からでも得るものはある。ビジネスパーソンにとっては、次のような示唆《しさ》が得られそうだ。


みなが憧れる「花形」は輝いて見えるが、自分の「やりがい」はまた違う尺度で測れる。自分が置かれた立場や周りの環境について、新鮮な目で見てみよう。

神回答
57

予想と反対のことが起こったときに、いかにそれを喜べるかどうか

山中伸弥（京都大学iPS細胞研究所名誉所長）
研究者の資質を問われて（出典：「iPS細胞研究所名誉所長・山中伸弥　研究者の資質は『予想と反対の結果になったとき、それを喜べるかどうか』」ニッポン放送 黒木瞳のあさナビ、2023年10月26日／本文のコメントも同出典）

この仕事に向いているかどうかと自分であれこれと考えるのは、あまり意味がない。適性がなければ、そもそも志望する職業に就くことが難しい。意図した仕事がとりあえず続けられているのであれば、ある程度は「向いている」と考えてよいだろう。

しかし、その仕事を心の底から好きになり、熱中するには、やはり根本のところで「資質」というものが存在する。

山中伸弥は研究チームで「失敗を共有することが大事」として、次のように語った。

「もちろん、上手くいったことを共有するのも大切ですが、それはやりやすいですよね。しかし、大きな発見は失敗のなかに隠れているので、いかに失敗だと思う実験結果をしっかりとまとめて、それをきちんと報告し、みんなでシェアできるか。そこにチーム力が掛かっているような気がします」

そして、研究者の資質について考えを述べたのが、冒頭の言葉である。そんな山中自身には「私は研究に向いているのだな」と実感する瞬間があった。

それは、大学院で研究し始めた頃のことだ。「この薬を入れたら血圧が上がるだろう」と思って実験したところ、完全に逆の結果が出てしまった。そのときに失敗にがっかりするのではなく「なぜ、こんなことが起こるのか？」と興奮する自分に驚いたという。

研究者として根本的な資質をすぐに測れるよい基準であり、本質を突く「神回答」だ。

自分はどんなときに感情を揺さぶられるのか。注意深く心の動きを観察することで、どんな職業を目指すべきかが見えてくる。

神回答
58

正直よく分からない……。だけど僕は選手だからあまり言わない方がいいと思う

冨安健洋（プロサッカー選手）
VARが試合を改善しているか、という問いに（出典：「アーセナル冨安は『なんて賢い男なんだ』 VARの質問に“神回答”で国内外から喝采『スマート』『彼が正しい』」FOOTBALL ZONE、2023年11月8日／本文のコメントも同出典）

紛《まぎ》れもない当事者だからこそ、ちょっと一言、言いたくなるときがある。サッカー選手にとって、VAR（ビデオ・アシスタント・レフェリー）の問題がまさにそうだろう。

ＶＡＲとは、フィールドとは別の場所で、複数のアングルからの試合映像を見ながら、フィールドの判定をサポートする審判員のことをいう。Ｗ杯では、２０１８年のロシア大会から導入されて、日本でも現在、Ｊ１リーグの全試合でＶＡＲが導入されている。

ＶＡＲの一番のメリットは、得点や退場などの重要な場面での判定ミスを防げること。そして、デメリットとしては、時間がかかることだとされてきた。

しかし、実際に導入してみると、ＶＡＲを介入させるかどうかの基準が、審判によって異なるなど、現場での混乱も少なくない。

そんななか、サッカー日本代表ＤＦでアーセナルに所属する冨安健洋《とみやすたけひろ》が、会見上で「ＶＡＲの存在が試合の改善に役立っているか」と質問された。そのときの切り返しが、冒頭の言葉だ。その後、英語でこう続けている。

「僕の仕事はピッチ上でプレーすることだし、パフォーマンスを発揮すること。それだけなので」

このスマートな対応に現地のファンからは多くの賛辞が送られた。

当事者として意見を言いたくなる問題は、その場ですぐ反応しないように、注意が必要だ。当事者だからこそ、冷静になり、意見を言うべきではないときもある。

神回答
59

僕は10代の頃、バンドを始めた瞬間に（夢は）もう叶っているんだ

甲本ヒロト（ミュージシャン）
夢について（出典：「まつもtoなかい～マッチングな夜～」フジテレビ系、2020年11月21日放送／本文のコメントも同出典）

夢を叶えるためには、どんな努力を日々重ねるべきなのか。その心がけも含めて、一流の人から聞いてみたいことは多いだろう。

しかし、ミュージシャンの甲本《こうもと》ヒロトに言わせれば、多くの人は叶えるのが難しいような「夢の持ち方」をしているのだと言う。テレビ番組で「夢について」の話題になったとき、ヒロトはこう答えている。

「いろんな人の話を聞いていると、『お前の夢はなんだ?』と言うと『バンドやって、お金持ちになりたい』とか『バンドやって有名になりたい』とか、2つ言うの。1個にしとけ。金持ちになりたいんだったら、バンドは捨てろ。『金持ちになりたい』にしろよ。有名になりたいなら『有名になりたい』って言えよ。そのための手段としてのバンドだったら、なんでもいいいじゃん」

ヒロトは「バンドがしたい!」という一つの夢を追い続けたとして、この言葉を放った。その後、「そして今もやっているからずっと叶っている」と続けた。

1987年にTHE BLUE HEARTSのボーカルとして「リンダリンダ」でメジャーデビュー。1995年の解散後は、THE HIGH-LOWSを経て、現在はザ・クロマニヨンズとして、10代の頃と変わらず、ステージで歌い続けている。

自分の夢や目標をそぎ落として、シンプルな一つのものにしてみよう。何が自分にとって一番大切なのか。何を最優先させるべきかが見えてくるはずだ。

神回答
60

スポットライトを浴びるのが好きなら、俳優や女優になればいい。でも問題解決が好きなら、科学が向いている

カタリン・カリコ（研究者）
ノーベル生理学・医学賞の受賞会見で（出典：「ノーベル賞受賞決定のカリコ博士　会見で喜び語る『受賞は考えてもみなかった』」テレビ朝日 ANNニュース、2023年10月3日／本文のコメントも同出典）

２０２３年のノーベル生理学・医学賞の受賞者に、ペンシルベニア大学のカタリン・カリコ特任教授と同大のドリュー・ワイスマン教授が選ばれた。その理由は「新型コロナウイルスのメッセンジャーＲＮＡワクチンの開発に貢献した」ためである。

カリコはもともと、メッセンジャーＲＮＡについて研究を行っており、２０１８年から

は、ファイザーとの共同開発というかたちで、メッセンジャーRNAを使ったインフルエンザワクチンの開発にも着手していた。そんななか起きたのが、2020年の新型コロナウイルスの爆発的な流行である。

コロナウイルスへのワクチン開発において、自分が行ってきた研究が思わぬ形で脚光を浴びることとなった。

しかし、自身の功績に胸を張るよりも、医療職への労をねぎらっている。

「真に称えられるべきは、新型コロナウイルスと最前線で向き合っている医療従事者や、こんな時でも仕事を休めないエッセンシャルワーカーと呼ばれる人たちです。私はただ研究や実験に没頭してきただけ。好きなことを続けてきただけなのです」

さらに、「パンデミックで自分が有名になることと、パンデミックが起こらずに自分が無名のままでいることと、どちらを選ぶかと聞かれたら、迷わず後者を選びます」とも。会見では、「受賞は考えてもみなかった」と喜びを語りながら、若き研究者に冒頭のようなエールを送った。

たとえ自分の仕事にスポットライトが当たらなくても、「没頭できる仕事」を続けること。その大切さを教えてくれる神回答である。

神回答
61

独自のものはラフに置いても目立つ

宮本茂（スーパーマリオの生みの親）
オリジナリティへのこだわりについて（出典：「松本人志 大文化祭」NHK BSプレミアム、2011年11月5日放送／本文のコメントも同出典）

「ゲームの映画化は失敗する」という定説を覆して、映画「ザ・スーパーマリオブラザーズ・ムービー」が世界的ヒットとなって話題になった。

プロデューサーは、任天堂代表取締役フェローの宮本茂《みやもとしげる》。「スーパーマリオ」の生みの親である。マリオだけではない。宮本は「ゼルダの伝説シリーズ」「ドンキーコングシリーズ」と、ゲーム史に残る大ヒットを量産してきたことで知られる。

お笑いタレントの松本人志《まつもとひとし》との対談で「宮本さんはオリジナリティへのこだわりがものすごいというのは聞いたことがあるんですけど……」と言われて、次のように返した。

「みんながやるパターンに乗ると、それ以上のものを出さないとダメですよね。独自に考えたものというのは、まだ仕上げる余地がいっぱいあるんですよね」

独自性が高い作品は、競争相手がいないので、ただクオリティを上げることに専念すればよい。宮本は、さらにこんな表現で説明を重ねている。

「みんなわりと怖がるので、安全なところにパイを置きにいきますよね。そのときは結構、そこいっぱい同じようなものが置かれているので、目立つように置くのにすごい努力がいるんですよ。独自のところにいくのは危ないですけれども、ラフに置いても、まだ空いてますから」

物が売れにくい昨今は、作り手が売り方まで考えて、ＳＮＳで自ら発信していかなければならないともいわれる。だが、独自性という点で突き抜けていれば、どうだろうか。


緻密なマーケティングや奇抜なプロモーションに心を砕かずとも、オリジナリティを磨けば、自然と目立つ。宮本はさらに言う。「そのほうが仕事楽しいんですよ」。

神回答
62

何でも自分でできた方が
いいじゃないですか。
例えば、炊事でも洗濯でも掃除でも、
自分一人でできた方が
自由になれるじゃないですか

沢木耕太郎（ノンフィクション作家）
新刊についての取材に答えて（出典：「沢木耕太郎 自由を広げ、生きる」NHK クローズアップ現代、2023年1月10日／本文のコメントも同出典）

第二次世界大戦末期、旧日本軍のスパイとして敵国の中国へと潜入した西川一三《にしかわかずみ》。ノンフィクション作家の沢木耕太郎《さわきこうたろう》は、西川を主人公にした『天路《てんろ》の旅人』（新潮社、2022年）を刊行した。NHK「クローズアップ現代」の取材を受けたときに、西川について「旅をしながら働いたり、言葉を覚えたり、旅人としての力をつけて」いったとして、自身を重ねてこう発言した。「僕も、西川さんとは違うけど、ソロで生きていくということができる人間でありたいと思うんです」。

取材者から「どうしてですか？」と問われて、冒頭の言葉を放ち、次のように続けた。

「人に縛られるということがない。もし自分でできればそれだけ自由になれると思うんです。自分で一人で、できるだけ一人でできるようになっていたい」

もちろん、自分で何でもできるようになるまでの道のりは、険しい。それでも、自由を手に入れるためのプロセスだと思えば、苦労は多いほうが実りも大きいだろう。

沢木自身、自由を求めて、人生の岐路となる局面で大胆な決断を下してきた。大手企業を1日で辞めて、ルポライターとして活動するも、26歳のときにすべて放り出して、ユーラシア大陸を横断する旅へ。その経験をまとめた『深夜特急』（新潮文庫）が紀行文学の金字塔として、時代を超えて読み継がれる名シリーズとなる。

「大げさに闘う必要はないけど、ひそかに闘って、1ミリでも1センチでも自由の広さを広げる」と沢木。他人に頼ることなく自活の力を磨いて、今日よりよい明日へ。


効率的にアウトソーシングすることが何かと推奨されやすいが、他人の力に依存した生活は、どこか不安定だ。自立心が刺激される神回答である。

神回答
63

経験とか生い立ちとかが背景になって味になるんですよね。味って出そうと思って出せるものではないですから

左とん平（俳優）
「味のある役者」について（出典：『すべての道は役者に通ず』春日太一著、小学館、2018年／本文のコメントも同出典）

俳優の左《ひだり》とん平《ぺい》は、1970年代の大ヒットドラマ「時間ですよ」や「寺内貫太郎一家」などに出演。コミカルな演技で、ドラマ、映画、舞台の名脇役として活躍した。

1973年には、「ヘイ・ユー！　ホワッチャー・ネーム？」というギャグが流行語とな

って、レコード化（「とん平のヘイ・ユウ・ブルース」）もされている。

若き左とん平には、お手本とした俳優が二人いた。一人は、コメディアンの三木《みき》のり平《へい》で、大きな笑いを生むために大事なのは「伏線だ」とアドバイスを受けている。

もう一人が森繁久彌《もりしげひさや》で、自然と芝居が喜劇となる演技が参考になったという。

憧れの二人について、時代劇研究家の春日太一によるインタビューに答えるかたちで、左とん平はこう振り返っている。

「まあ二人ともセリフの覚えは悪いですよ。でも、それが味になっちゃうんだ。いくらセリフを上手く言ったって、味のない役者はダメだということを教えられました」

しかし、味のある俳優になるには、どうすればよいのだろうか。左とん平が持論を述べたのが、冒頭の言葉である。

演技の世界に限った話ではないだろう。ビジネスのさまざまなシーンにおいても、立ち居振る舞いの美しさは自然と出てくるもの。それまでの日々の生活の積み重ねが、そこには凝縮されている。


1日1日を大切に生きることでしか、人間の味は醸成されない。年を重ねる意義はそこにあるといってもよいだろう。

神回答 64

幸福の問題というのは、諦めの問題ってことになるのかもしれんね

水木しげる（マンガ家）
幸福について（出典：『ゲゲゲのゲーテ』水木しげる著、水木プロダクション編、双葉新書、2015年／本文のコメントも同出典）

藤子不二雄《ふじこふじお》、石ノ森章太郎《いしのもりしょうたろう》、赤塚不二夫《あかつかふじお》……多くの漫画家が手塚治虫《てづかおさむ》の影響を受けるなか、水木《みずき》しげるは我が道を進んだマンガ家だといえるだろう。『ゲゲゲの鬼太郎』で、妖怪ブームを巻き起こし、日本に妖怪文化を根づかせた。

また、自身が徴兵されて戦地に赴《おもむ》いた経験から、『総員玉砕《ぎょくさい》せよ！』『姑娘《クーニャン》』『劇画ヒットラー』などの戦争マンガも数多く描いている。

パプアニューギニアのラバウルで爆撃によって左腕を失った水木。帰国後、右腕一本で机にかじりつき、紙芝居や貸本マンガでキャリアを積んでいった。

紆余曲折を経て、売れっ子マンガ家への階段をかけあがった水木が、幸福について語ったのが冒頭の言葉である。その後、「欲望がある程度満たされれば、次の幸福が欲しくなる。だから幸福は、線の引き方の問題なんです」と続けた。

確かに、十分に裕福なはずの人が金銭トラブルを起こすこともあれば、家庭にも仕事にも恵まれた人がすべて失うようなスキャンダルを起こすこともある。水木が言うように、欲望の線引きがうまくできず、いつも満たされない思いを抱えていたのだろう。

水木の欲望はシンプルで、「よく食べて、よく寝る」をモットーにしながら、あとは仕事に打ち込んだ。水木は90歳を超えても新連載をスタートさせ、亡くなる直前まで連載を抱えていたという。

決して満たされることがない「欲望」とうまく折り合わなければ、ふとした瞬間に転落してしまうのが人生だ。生涯ポケットに入れておきたい、水木しげるの幸福論。

神回答
65

実は、明日なのか五十年後なのか、もっと後なのかはっきりとは分からなかった。ならば明日と言っておこう

浅田敏（地震学者）
東海地震の予言について（出典：『天災人災格言集―災害はあなたにもやってくる！』平井敬也著、興山舎、2012年／本文のコメントも同出典）

2024年1月1日、能登《のと》半島地震が発生。日本で約5年半ぶりに震度7を記録した。全壊や半壊、一部破損を含む住宅被害棟数は8万棟を超えて、いまだ復興の見通しは立っていない。

こうした大きな災害が起こると、自身の備えが不安になったりもするが、またすぐに多忙な日々に流されて、防災対策はおろそかになってしまいがちだ。地震学者の浅田敏《あさだとし》は、そんな人々の防災への意識を変えなければと、危機感を抱いていたようだ。

浅田は、地震予知研究において重要な「微小地震」の観測を世界に先駆けてスタートさせたことで、知られている。1981年から1991年まで、地震予知連絡会会長と東海地域判定会（現・地震防災対策強化地域判定会）の会長を務めた。

1976年に発表された石橋克彦《いしばしかつひこ》の「東海地震説」を読んで、浅田は「これはいつ起きてもおかしくない」と確信。以降、こう訴え続けた。

「東海地震は必ず来る。明日起こってもおかしくない」

浅田の主張には「社会を混乱させるな」と批判も寄せられたが、それでも同じメッセージを出し続けた。その理由について、のちに語ったのが、冒頭の言葉である。

「いつか起こるかもしれない」と思うから、やらねばと思いながらも対策が後回しになる。「明日、起こっても大丈夫か？」と常に問い続けるくらいでちょうどよい。

仕事でもプライベートでも、物事が一変するときはいつも突然だ。今日と同じ日常が、明日も訪れるという保証はない。いつでも有事に備えておくための「神回答」だ。

第6章

雰囲気を解きほぐす「神回答」

神回答
66

「いだてん」が視聴率低くて、すごくほっとした

三谷幸喜（脚本家、映画監督）
クドカンについて聞かれて（出典：「【太田上田 #214】映画について語りました」ユーチューブチャンネル 太田上田【公式】、2020年5月29日）

三谷幸喜《みたにこうき》はドラマ「やっぱり猫が好き」で連続テレビドラマの脚本家としてデビューを果たすと、翌年には「警部補・古畑任三郎」で人気脚本家として飛躍。以降も「王様のレストラン」「竜馬におまかせ！」「総理と呼ばないで」など数々の人気ドラマを発表した。

1997年には「ラヂオの時間」で映画界にも進出し、NHK大河ドラマにおいても「新選組！」「真田丸」「鎌倉殿の13人」で原作と脚本を担当。いずれも人気を博している。

中京テレビ「太田上田」に、三谷が出演したときのことだ。

大学時代の後輩にあたる、お笑いコンビ「爆笑問題」の太田光《おおたひかり》から遠慮のない質問を浴びせられた。

太田は、同じく喜劇作家として活躍中の宮藤官九郎《くどうかんくろう》を引き合いに出して、「クドカン、どう思ってます？　クドカンが出てきて、ちょっと三谷さんの客を向こうにとられてますよね？」と質問。なかなか意地の悪い問いかけだが、劇場からテレビドラマに進出という点でも三谷と宮藤は共通している。また、宮藤も「いだてん」でNHKの大河ドラマの脚本を手がけている。どう思っているかは確かに聞いてみたい。

とはいえ、同業者については、あれこれと言いにくいもの。答えに窮するかと思いきや、三谷が即座に切り返したのが、冒頭の言葉である。

想像を超える三谷の本音は、爆笑を呼び、喜劇作家として面目躍如を果たした。


意地悪な問いに、ムキになって否定すると、かえって意識していると思われてしまう。スマートな笑いに変えることで、空気が和んで、余裕も演出できる。

神回答
67

このトロフィーを「ムーンライト」の友達に渡せるのは、すごく光栄なことだよ

ジョーダン・ホロウィッツ（映画プロデューサー）
アカデミー賞の授賞式で間違いが発覚して（出典：「アカデミー賞でハプニング。そこで見事な名言」（伝え方の秘密 佐々木圭一オフィシャルブログ、2017年3月2日）／本文のコメントも同出典）

気まずい空気を一瞬にして変えてしまう——。そんな言葉もまた「神回答」としてふさわしい。

映画史に残るハプニングが巻き起こったのは、2017年の第89回アカデミー賞の授賞式のことだ。最も注目が高まる授賞式のフィナーレで、最優秀作品賞受賞作品として「ラ・

ラ・ランド」が読み上げられると、場内は大盛り上がり。

祝福ムードのなか「ラ・ラ・ランド」の制作スタッフが喜びのスピーチを行っていると、とんでもない事実が発覚する。なんと誤った受賞作品が、読み上げられていたのだ。最優秀作品賞に選ばれたのは「ムーンライト」のほうだった。

「ラ・ラ・ランド」のプロデューサー、ジョーダン・ホロウィッツは壇上で事情を察すると、マイクの前で「間違いだったんだ。『ムーンライト』が受賞だよ」。ジョークだと勘違いしている会場に向かって「冗談なんかではないんだ」と告げている。

「ムーンライト」の関係者が壇上に上げられると、MCのジミー・キンメルがすまなさそうに、こう発言した。

「『ラ・ラ・ランド』にもトロフィーをあげられたらいいのに」

だが、ホロウィッツは落胆の色を一切見せることはなく、冒頭の言葉をかけてトロフィーを手渡している。ホロウィッツの機転によって、騒然としていた場内が、温かい拍手に包まれることとなった。この「神回答」には、失態を演じた運営側も救われたに違いない。

相手のミスをも寛容に受け止めながら、気まずさを解消する「神回答」だ。人生のハプニングをいかに楽しめるかで、「人間力」が試されることになる。

神回答
68

男は山手線。ちょっと待ったら、次が来る

高嶋ちさ子（バイオリニスト）
失恋した相手に対して（出典：「高嶋ちさ子が、剛力彩芽に放った名言『男は山手線』の真意に共感の声！」アサジョ、2020年1月7日／本文のコメントも同出典）

相手が思わず「なるほど！」「確かに！」と膝を打つような比喩表現もまた、「神回答」としていつまでも心に残りやすい。

日本テレビ系「新春しゃべくり007」（2020年1月2日放送）に、俳優の剛力彩芽《ごうりきあやめ》が

出演したときのこと。出演者たちが恋愛トークに花を咲かせるなかで、剛力がバイオリニストの高嶋《たかしま》ちさ子《こ》に恋愛のアドバイスを求めた。

ちょうど剛力の破局報道がなされた時期だ。一体どんなことを言うのか……と注目が高まるなか、高嶋が剛力に送った痛快な恋のアドバイスが冒頭のものだ。

「ほかにいい人がいくらでもいるよ」というのは、失恋した相手への定番のアドバイスだが、なかなかそんなふうには思えないだろう。

それだけに「すぐに出会いは訪れる」ということを「山手線」で例えたところが、秀逸だ。都心では電車に乗り損ねても「次がすぐ来るからいいか」と気持ちを切り替えやすい。恋愛もそんなふうに、焦らずに時期を待つのが吉と出そうだ。場の空気が一気に明るくなる「神回答」となった。

番組では「男に〝お前〟って言われてキュンとする人、幸せになれない」とも発言した高嶋。好き放題に言っているようで、相手のことをちゃんと考えていることがわかる、優しさに満ちたアドバイスである。

「すぐに来る」ということを「山手線」に例えることで、胸にストンと落ちる。ユーモアあふれる比喩表現を身につけて、相手の気持ちを和らげよう。

神回答
69

幸い損傷も軽かったし、別段気にしておりません。エリザベス女王陛下にキスされて光栄です

上田勝恵（海上自衛隊「かしま」艦長）
イギリスの船が接触したことへの謝罪を受けて（出典：「女王陛下にキスされた話」阿川弘之著、『母のキャラメル 01年版ベスト・エッセイ集』（日本エッセイスト・クラブ編、文春文庫、2004年）収載／原文の旧かな遣いは現行のものに改めた。

仕事でもプライベートでも「気にしなくていい」とうまく伝えてあげられれば、失敗した相手も気が楽になるというもの。
２０００年7月4日、ニューヨーク港には多くの艦艇が集まっていた。20世紀最後とな

る、アメリカ独立記念日を祝う洋上式典が行われていたからだ。海上自衛隊の練習艦「かしま」も、そんな船のなかの一隻だった。

事故が起きたのは、その翌日のことだ。イギリスの客船「クイーンエリザベス2号」が入港すると、ハドソン河の急流に流されてしまう。

すると、「クイーンエリザベス2号」は「かしま」の艦首に接触。着岸してすぐに、機関長と一等航海士が謝罪に訪れたという。

対応した「かしま」艦長の上田勝恵《うえだかつしげ》一等海佐が、相手にかけた気遣いあふれる言葉がこれだ。

船名が「クイーンエリザベス」だからこその見事なジョークに、謝罪に訪れた相手も、ずいぶんと気が楽になったことだろう。

洋上式典の最中とあって、この「神回答」はたちまち船乗りたちに広まっていく。イギリスの「タイムズ」や「イブニング・スタンダード」で報道されるなど、大きな評判を呼んだ。

船名に着目して、接触事故を「キス」と、咄嗟《とっさ》に言い換えるセンスが秀逸。ミスを許しながら、相手国へのリスペクトをも伝える「神回答」となった。

神回答
70

日本製じゃないよね？

麻生太郎（政治家）
第63回国連総会にて、機器の故障で演説が中断されたときに
（出典：「麻生太郎のアドリブ力!!『日本製じゃないよね？』」ユーチューブチャンネル まつりごと【政治・国会切り抜き】、2022年7月6日／特記のない本文のコメントも同出典）

予想外の出来事が起きたときにこそ、ユーモアの精神を発揮したい。
２００８年、麻生《あそう》太郎《たろう》が内閣総理大臣を務めていたときのことだ。第63回国連総会で麻生がスピーチをしていると、機械のトラブルで同時通訳の音声が流れてこなくなってしま

った。

しばらく話し始めてから、そのことを知らされた麻生。「サンキューベリーマッチ」と、事態を知らせてくれたスタッフにお礼を言うと、マイクを通してこうつぶやいた。

「It is not japanese machinery, no?（日本製じゃないよね？）」

場内で笑いと拍手が起きるなかで、麻生は「最初からやりますよ」と演説を続けている。国連という大舞台で、見事な切り返しをして「神回答」と話題を呼んだ。

だが、国内では、失言の多さのほうがよく知られているだろう。2018年の財務大臣の頃には「セクハラ罪っていう罪はない」と発言。財務省前で抗議運動が起きる騒ぎとなった（「『麻生大臣は反省して』セクハラ罪ない発言に抗議」朝日新聞、2018年5月7日）。

現在は自民党副総裁を務める麻生だが、ついこの間も、地元の講演で失言を連発した。上《かみ》川《かわ》陽《よう》子《こ》外務大臣について名前を間違えたばかりか、「おばさん」「そんなに美しい方とは言わんけれども」と発言。野党から批判を受けて、撤回に至っている（「自民・麻生氏『おばさん』発言を撤回　『容姿表現に不適切な点』」時事ドットコムニュース、2024年2月2日）。

緊迫した雰囲気を一変させる「神回答」を、リーダーならば目指したいもの。ただし、ウケ狙いや時代錯誤な失言は、違う意味で場の雰囲気を変えてしまうので注意しよう。

神回答
71

〝航海（後悔）〟の真っ最中です

三遊亭円楽（落語家）

「不倫とかけてどう解くか」と謎かけをされて（出典：「落語家・三遊亭円楽さん“不倫報道”で会見」ANNnewsCH、2016年6月10日／本文のコメントも同出典）

巧みな切り返しによって、相手の追及から逃れられることもある。

落語家の三遊亭円楽《さんゆうていえんらく》は、写真週刊誌で一般女性と不倫していると報じられると、記者会見を開いて、報道陣に対応した。

「今、初高座のような気持ちで非常に緊張いたしております」と神妙な面持ちで切り出すと、「言葉違い、言い間違い等々があると思いますけど、ご勘弁願いたい」と断って、報道陣への配慮をこんなふうに述べている。

「まずはお仕事とはいいながら、私の軽率な行動でお集まりいただき申し訳ございません」その後、報道の内容を認めて「うちのスタッフも含め、関係各位局の皆様、スポンサーの皆様にも深くお詫び申し上げます」と謝罪した。

質問にきちんと答えるという姿勢を示せば、報道陣もリラックスして、ちょっと遊びの質問を投げかけたりする。「笑点」（日本テレビ系）に出演しているからだろう。会見の終盤で「不倫とかけてどう解くか」と謎かけを持ちかけられた。

三遊亭円楽はすぐさま「今回の騒動とかけまして、今、東京湾を出て行った船と解く」と回答。「その心は？」と問われると、冒頭の一言を放ち、記者たちを爆笑させた。

しっかりと反省の意を示して、各方面に謝罪したあとだからこその「笑い」だろう。「これくらいで許してあげてもよいのでは？」という空気をしっかり読んで、くすりと笑えるような自分らしさを出せれば、不祥事の対応も場合によってはエンタメとなる。

「緊張と緩和」のなかで「笑い」は生まれる。窮地に追い込まれたときは、ユーモアで空気を変えてしまおう。ただし、タイミングをはかり、しっかり反省が伝わる内容で。

神回答
72

あなた、お金いくら持ってるの？

シュテフィ・グラフ（プロテニス選手）
試合中に声をかけてきた観客に（出典：「錦織圭のスピーチには“重大な欠陥”がある」プレジデントオンライン 2019年7月7日／特記のない本文のコメントも同出典）

何の前触れもなく、見ず知らずの人にわけのわからないことを言われたら、誰だって困惑するだろう。

だが、瞬発力に優れたスポーツ選手は、咄嗟の切り返しにも長《た》けているようだ。

1996年7月、ウィンブルドン選手権準決勝で珍事が起きる。シュテフィ・グラフ選手が対峙《たいじ》するのは、同年4月の対決では敗北を喫した、日本のエース伊達公子《だてきみこ》選手だ。緊迫した雰囲気のなか、グラフがこれからサーブを打とうというときに、男性の観客からこんな声が挙がった。

「シュテフィ！　俺と結婚してくれ！」

笑いに包まれる試合会場に、グラフも苦笑い。試合に水を差されて、激怒してもおかしくないが、グラフはしばらく間をとってから、観客席に向かってこう声を張り上げた。

「How much money do you have?（あなた、お金いくら持ってるの？）」

試合の空気をぶち壊す観客にきっちりと恥をかかせることで、ほかの観客の溜飲《りゅういん》を下げる「神回答」を放ったグラフ。試合に勝利して雪辱を果たすこととなった。

一方の伊達は、グラフと観客のやりとりを聞いて「わたしじゃダメなの？」とジョークを言いたい衝動にかられながらも、勇気が出なかったとか（『ラストゲーム』伊達公子著、日本文化出版、1996年）。実現すれば、神回答のラリーが見られたことだろう。

からんでくる人に感情的になれば、相手を喜ばせるだけ。無反応を貫くのもよいが、言われっぱなしも何だかシャクだ。クールに突き放して、赤っ恥をかかせよう。

神回答
73

パンダだったら客呼べないより呼んだ方がいいから

何かを言っているようで何も言っていない。そんな言動を「進次郎構文」「ポエム大臣」とも揶揄《やゆ》される、政治家の小泉進次郎《こいずみしんじろう》。だが、テレビ東京系「池上彰《いけがみあきら》の総選挙ライブ」（2017年10月22日放送）での、池上彰からの答えにくい質問に対する答えは秀逸だった。進次郎が応援演説によく駆り出されることから、池上が「人寄せパンダに使われる、と

小泉進次郎（政治家）

「人寄せパンダ」と言われることについて（出典：「池上彰に賛否…選挙特番での"無双"は正義？それとも ただの無礼？」デイリースポーツ、2017年10月31日／特記のない本文のコメントも同出典）

いう思いは？」と切り込むと、冒頭のように切り返した。加えて「シャンシャンに負けずに役割を果たします」とまで言っている。

「人寄せパンダ」という失礼な表現にも心を乱されることなく、反論するどころか、それを呑み込んだうえで、「どうせなら人を呼べるパンダのほうがいい」という開き直りが見事。「シャンシャンに負けない」と、パンダとして対抗意識を燃やしているところも、ほっこりとさせられる。ユーモアを交えた好感度の高い「神回答」だ。

そんな進次郎は2023年9月、福島県南相馬《みなみそうま》市のサーフィン体験に参加し、地元の魚介を試食。東京電力福島第1原発の処理水海洋放出に伴って、安全性をアピールした。

「パフォーマンスだと言われても構いません。ぜひ、全国のサーファーの皆さん、福島にサーフィンしにきてください」（「小泉進次郎議員『パフォーマンスと言われても構わない』福島の海でサーフィン堪能　処理水の安全性強調」デイリースポーツ、2023年9月4日）。

目立った行動を起こすと何かと批判され、炎上のリスクも高まる。だからこそ、「パフォーマンスです」と開き直れる行動力と、積極的な発信力がどの分野でも重宝されそうだ。

揶揄されるとムキになって否定したくもなるが、ちょっと深呼吸。いっそのこと受け入れて、相手への回答材料とする「しなやかさ」で対抗するのも一つの手だ。

第7章

切り返しで
相手を圧倒する
「神回答」

神回答
74

自分で作れ

リュウジ（料理研究家、インフルエンサー）

ファンから親の料理について相談を受けて（出典：リュウジの公式Xアカウント、2023年5月18日／本文のコメントも同出典）

ユーチューブのチャンネル登録者数は473万人、X（旧ツイッター）のフォロワー数は270万人、インスタグラムのフォロワー数は186万人、公式ライン登録者数は33万人、ティックトックのフォロワー数は42万人……総フォロワー数は1000万人以上というからすさまじい（2024年3月20日時点）。料理研究家でインフルエンサーとして活躍する、リュウジのことだ。

Xで発信する、短文で簡単な料理「バズレシピ」を生み出すなど、発信力で際立つリュウジのもとには、さまざまな質問が寄せられる。次のような質問に対する返答が「神回答」として話題になった。

「リュウジさんや他の料理ユーチューバーのせいで母親が野菜の皮を料理に使います」「レシピ通りに作ってないだけかもしれませんが歯に当たるし味もキツいし美味しくないです」「それを言っても『栄養あるんだから』といってききません。助けてください」

野菜の皮について、料理研究家ならではの説明がされるのか……と思えば、さにあらず。たった5文字で回答している。

「自分で作れ」

シンプルかつ、本質を突く回答に「正論！」との声が殺到。9万件以上の「いいね」がつくこととなった。冒頭のXでの発信でリュウジは、「自分で作れば皮は剝《む》けるし、お母さんは助かるし全部解決するぞ!!　さあ今すぐ台所にGO!!」と続けている。


寄せられた相談に、適切なアドバイスをすることは簡単ではない。だが、相談内容そのものに、シンプルな解決策が隠れていることも。自分の悩みも同様に考えてみよう。

神回答
75

深い意味でもいいんですよ

蒼井優（俳優）
相手の「深い意味はないけど……」に対して（出典：「この1年で1番の名言は？『伝え方グランプリ2019』ベスト10」佐々木圭一著、ダイヤモンド・オンライン、2019年12月28日）

お笑いコンビ「南海キャンディーズ」の山里亮太《やまさとりょうた》が、俳優の蒼井優《あおいゆう》と結婚した——。

そんな驚きのニュースが駆け巡ったのは、２０１９年のこと。山里に惹《ひ》かれた理由について、会見で蒼井は次のように語っている。

「一緒にいてしんどいくらい笑わせてくれたり、人に対しての感動することと許せないことのタイミングが。あと金銭感覚が似ていることと、あと、冷蔵庫をちゃんとすぐ閉めるところ」（「蒼井優、結婚の理由は『冷蔵庫をちゃんとすぐ閉めるとか…』」スポーツ報知、2019年6月5日）

会見の最後では、惹かれた一番の理由は仕事との向き合い方だとして、「仕事に対する姿勢を尊敬しています」とも明かした。

プロポーズはどんなものだったのか。日本テレビ系「スッキリ」（2019年6月6日放送）に出演した山里が語ったところによると、交際中のある日、こう聞いたのだという。

「深い意味はないけど、鍵を渡してもいいですか？」

それに対して蒼井が返したのが、冒頭の言葉だ。男側からすれば「交際が真剣であることを示したい」という思いと、「相手の負担になりたくない」という二つの気持ちから、「深い意味はない」と言いながら、合い鍵を渡すという行動に出たのだろう。

その意図を十分に踏まえたうえで、プロポーズを後押しする蒼井の切り返しは、まさに「神回答」。その後、山里がプロポーズして結婚に至ることになった。

相手の表現をうまく使って返答することで、同じ景色を見ていると伝えられる。相手が行動をためらっているときこそ、後押しする声かけで、状況を一変させよう。

神回答 76

ああ、偽善で売名ですよ。偽善のために今まで数十億を自腹で使ってきたんです

杉良太郎（俳優）

支援を「偽善」と言われることについて（出典：「『偽善で売名ですよ』杉良太郎の“男前”語録　ネット上で復興支援を再評価の声」夕刊フジ、2016年3月12日）

目立った行動をすれば、難癖《なんくせ》をつけてくる人たちが必ずといっていいほど現れる。それがどんなによい活動だったとしても、だ。

俳優の杉良太郎《すぎりょうたろう》は、被災地支援や福祉活動に積極的に取り組んでいることで有名だ。東

日本大震災では、トラック20台分に支援物資を詰め込んで、炊き出しを行った。なかなかできることではないが、俳優がゆえにマスコミから、こんなふうに聞かれるのだという。

「偽善とか売名と言われることもあると思いますが……」

それに対して、杉が切り返したのが、冒頭の言葉だ。さらに「私のことをそういうふうにおっしゃる方々もぜひ自腹で数十億出して名前を売ったらいいですよ」と続けた。

のちにBuzzFeedの取材を受けて、このときの対応について「本当は相手にしない方がいいんだけど、売り言葉に買い言葉で。まあ、修行が足りないね」と振り返っている（『もちろん売名だよ』超大物俳優の痛快すぎる福祉論」BuzzFeed、２０２０年1月1日）。

自分の言動がうがった見方をされたり、変なふうに解釈されたりすれば、きちんと否定して、訂正したくなるもの。

だが、自分のことを大切に考えてくれている人はそもそも、そんな誤解をすることもない。相手にするだけ時間の無駄だ。それでも何か一言いいたいときは、こんなふうに啖呵《たんか》を切って、黙らせてみるのも一つの方法である。


行動を起こせば、必ず足を引っ張る連中が現れる。それだけあなたを意識している証拠だろう。相手の意見に乗っかって「あなたもぜひ仲間に」と声をかけてみよう。

神回答
77

白って200色あんねん

アンミカ（タレント、モデル）
「そこにあるタオルは褒めれます？」と振られて（出典：「人志松本の酒のツマミになる話」フジテレビ系、2021年8月20日放送）

問いに対して直接的に答えないことで、相手のイメージを膨らませる。「神回答」のなかでも、そんな高度なテクニックを使ったのが、モデルでタレントのアンミカだ。

トーク番組で、自身のポジティブさについて「小っちゃい物の良いところを探すのが好き」と発言。それに対して、「そこにあるタオルも褒められますか？」と振られた際に出た答えがこれだ。

白のタオルの長所自体は、何も語っていないが、私たちが一つの色として認識している白に「200色ある」と言われれば、その深遠さに思いを馳せざるを得ない。アンミカのこの切り返しは「神回答」として、ユーチューブなどで大反響を呼んだ。

のちに別の番組（ニッポン放送「ナイツ　ザ・ラジオショー」2023年7月18日放送）で「神回答」の背景を明かしている。

19歳でパリコレのオーディションを受けたときに「白は200色あるって言われてるのに、なんであなたの肌をくすませて、顔色をきれいに見せないような白をわざわざ選んできたの？」と苦言を呈されたことが、心に残っていたという（「アンミカの名言『白は200色あんねん』はパリコレでの大失敗から生まれた」スマートフラッシュ、2023年7月20日）。

若かりし頃の苦い記憶が、見事な切り返しを生み出した。これもまたポジティブなアンミカならではのエピソードだろう。

問いかけに対して、明確な答えを出すばかりが正解ではない。相手の価値観を揺るがすウィットに富んだ返答で、話は無限に広がっていく。

神回答
78

あなたが受け取ったメッセージは何でしたか？

大坂なおみ（プロテニス選手）
人種差別への抗議のマスクの趣旨をインタビュアーに問われて
（出典：「大坂なおみ『あなたがどう受け止めたかに興味ある』7つのマスク問われ。全米オープン2度目のVインタビュー」井上未雪著、ハフポスト日本版、2020年9月13日／本文のコメントも同出典）

2020年、大坂《おおさか》なおみは全米オープンテニスの女子シングルスに優勝。自身3回目のグランドスラムを制覇することとなった。

優勝直後のインタビューでは、対戦相手や試合のこと以外の質問も飛び出した。大坂は試合のたびに、異なる名前が記されたマスクを着用。記された名は、アメリカで警察による人種差別的な暴力の被害に遭った黒人の犠牲者たちだ。黒人差別への抵抗運動「ブラック・ライブズ・マター運動」への連帯を表明したとして話題を呼んだ。

インタビューでマスクについて聞かれると、大坂はこう切り返している。

「あなたが受け取ったメッセージは何でしたか？　メッセージをあなた方がどのように受け取ったかに興味があります」

自分の行動が物議をかもしていることは、わかっている。だからこそ、行動に至ったプロセスを自分の口で説明するのではなくて、相手が何を感じたかをむしろ知りたい。そんな思いを込めて、大坂は次のように続けている。

「話し合いが起きれば良いと。USオープン会場の外で起きていることについては詳しくないですが、より多くの人がこのことを語る（きっかけになる）といいと思います」

多くの人が自分で考えることを促された回答として、心に残ることとなった。

自分の言動について、一言で真意を語りにくいときもある。相手に「どんなメッセージを受け取ったか」と聞いて対話に持っていくことで、建設的な展開が生まれる。

神回答
79

髪の毛が後退しているのではない。私が前進しているのである

孫正義(ソフトバンクグループ創業者)
自身への「髪の毛の後退度がハゲしい」というツイートに対して
(出典:孫正義の公式Xアカウント、2013年1月8日)

ソフトバンクグループの創業者・孫正義《そんまさよし》の人生は、波乱に満ちている。
久留米《くるめ》大学附設高校を中退して単身で渡米。カリフォルニア大学バークレー校在学中に、音声装置付きの多国語翻訳機の試作機を開発し、シャープから1億円で買い取られた。帰

国後の1981年、24歳で日本ソフトバンクを設立する。

ソフトウェアの卸売業や出版業などをスタートさせ、順風満帆《まんぱん》に思えたが、重い慢性肝炎を患ってしまう。入退院の繰り返しは3年半にも及んだ。孫は開き直って読書に没頭。焦らずに、再起のタイミングを待ち続けた。

転機はネットバブルの崩壊前に、米国Yahoo!社に多額の出資を行ったことだ。Yahoo!は急成長し、孫は多額の資金を獲得する。それを元手に金融、証券、ベンチャーキャピタル、通信事業、放送事業、球団経営などさまざまな分野に進出を果たす。

SNSではユーザーからの要望に「やりましょう」と応えるスタイルが話題に。「髪の毛の後退度がハゲしい」と揶揄されたときには、冒頭のように切り返して、反響を呼んだ。現在、Xのアカウントは280万人以上のフォロワーを抱えながらも、「次の僕の手が想像されてしまう」として、SNSの更新を停止している（「孫正義氏が明かすTwitterへの投稿を止めた理由」CNET Japan、2013年9月30日）。

果たして、密やかにどんな前進をしているのか。楽しみである。

自身の身体への揶揄を材料にして、ポジティブな名言にまで転化している神回答だ。そもそも、ルッキズムに満ちたこうした言動は論外。一掃されることを願う。

神回答
80

一番幸せなときに「これが終わるんじゃないか」って考えるのって、チクチクさせる遊びです

糸井重里（コピーライター）
好きだったことが嫌いになるのでは、という不安について（出典：「糸井重里、ファンの質問に“神回答” 『好きなものが嫌いになっちゃう不安は？』」MAiDiGiTV、2019年9月8日／本文のコメントも同出典）

イベントでの質疑応答は、どんな質問が飛び出すかわからない。答える側の負担は大きいが、現場で化学反応が起きて、思わぬ「神回答」が生まれることもある。

コピーライターとして一世を風靡《ふうび》した糸井重里《いといしげさと》は、作詞家、エッセイスト、ゲームクリ

エイターとさまざまな顔を持つ。１９９８年という日本のネットコンテンツ黎明《れいめい》期に、ウェブサイト「ほぼ日刊イトイ新聞」を開設。サイトに広告は掲載せず、独自性の高い商品を開発。「株式会社ほぼ日」の代表取締役として「ほぼ日手帳」などヒットを飛ばす。

そんな糸井がお笑いタレントのヒロシと対談イベントを行ったときのこと。ヒロシがキャンプ好きであることから、観客からこんな質問が寄せられた。

「シダ植物が好きなんですけれども、いつかシダが嫌いになっちゃうときが来るんじゃないかってちょっと……なったりするときがあって。キャンプが嫌いになるときが来るかもみたいな、そういうことを思うときに、どうされているのか、とかあれば聞きたいなと思いまして」

これに対して糸井が「ちょっといい質問だね」としながら、答えたのが冒頭の言葉である、このあとに「だから『心配をしている』っていう楽しみをしているんです」と続けた。

これには、質問者も「あ、なるほど……！」と納得。いつも自分の「好き」を仕事にしてきた、糸井だからこその発想ではないだろうか。

足元の幸福には気づきにくいが、今が満たされているからこそ、不安になることがある。本人さえも無自覚な深層心理を突く「神回答」だ。

神回答
81

今は自分の曲しか聴かないな

泉谷しげる(ミュージシャン)
普段聴いている曲を聞かれて(出典:「泉谷しげるに“よく聴く曲”を尋ねたらまさかの答えが!『練習のために聴いている』」池守りぜね著、フムフムニュース、2023年8月16日/特記のない本文のコメントも同出典)

1971年のデビューから全国でライブ活動を行う、ミュージシャンの泉谷《いずみや》しげる。映画「ええじゃないか」やドラマ「三匹のおっさん」など、俳優やタレントとしてもテレビや映画で活躍中だ。なかでも視聴者にインパクトを与えているのが、バラエティ番組での自由奔放な振る舞いだろう。

そんな泉谷がインタビューで「普段はどのような楽曲を聴いていますか？」と聞かれて、放った言葉が冒頭のものだ。いかにも豪快な泉谷らしい。

しかし、インタビュアーが真意について聞くと、意外な胸中を明かしている。

「自分以外のアーティストを挙げる人って、ほかのものを聴く余裕があるんですよ。俺の場合、余裕がない。俺の場合は、覚えが悪くなっているんだから練習のために聴いているんです」

その後、「だから人のなんて聴いている暇はないんだよ」と冗談っぽく、付け加えている泉谷。音楽活動に真摯《しんし》に打ち込んでいることがわかる「神回答」である。

ちなみに、2017年4月1日に日本テレビ系「有吉大反省会スペシャル」に出演したときには、「型破りなキャラっていうのは作り物だよね」とも発言。子どもの頃から激しい人見知りだったため、自分を変えようという演出だと明かしている（「小倉優子や泉谷しげるが有吉にカミングアウト『反省会』2時間SP」お笑いナタリー、2017年4月1日）。


「傲慢発言」かと思いきや、真意を聞いてみれば、むしろ謙虚というギャップが秀逸。キャッチーな言葉で引きつけてから、本音をのぞかせると、相手の心に残りやすい。

神回答
82

ジョーダンは15年で6回優勝したが、残りの9年は失敗なのか?

ヤニス・アデトクンボ(NBA選手)

「今季は失敗だったのか?」という記者からの質問に対して(出典:「『ジョーダンは15年で6回優勝したが、残りの9年は失敗なのか?』失意のヤニスが記者からの質問に不満爆発<DUNKSHOOT>」THE DIGEST、2023年4月27日/本文のコメントも同出典)

おいおい、ちょっと待ってよ……。思わずそうつぶやきたくなる質問をされたことが、誰にも一度や二度はあるのではないだろうか。実際に頭を抱えながら「オーマイガー……」とつぶやき、しばし言葉を失ったスポーツ選手がいる。バスケットボールの最高峰NBAで活躍する、ヤニス・アデトクンボだ。ヤニスは2018年と2019年、NBAで2シーズン連続MVPを獲得。若きスーパースターとして、圧巻の存在感を見せつけた。

問題の質問は、2023年4月26日の「NBAプレーオフ2023」のイースタン・カンファレンス、ファーストラウンドの第5戦後に飛び出した。この試合で、ヤニス率いるミルウォーキー・バックスは、マイアミ・ヒートに敗戦。ファーストラウンド敗退が決まってしまう。

敗戦後の会見で、「今季は失敗だったのか?」と記者が質問。頭を抱えたヤニスは、記者にこう語りかけた。「君は仕事で毎年昇進しているのか?　違うだろ?　じゃあ毎年している仕事は失敗なのか?　Noだ」。

さらに、かつてシカゴ・ブルズを率いて6度の優勝を成し遂げたマイケル・ジョーダンを引き合いに出しながら、冒頭のように疑問を投げかけ、こう続けている。「スポーツに失敗はない。いい日もあれば悪い日もあり、成功できる日もあればそうでない日もある」。

ヤニスは、ナイジェリアからの不法移民としてギリシャに生まれ、食べることもままならない幼少期を過ごした。人生を切り拓いてきたヤニス。まだまだ夢の途中だ。


わかってほしいと必死に語りかける姿が胸を打つ。ヒートアップしたことを「すまない、私情を挟むつもりはなかった」と反省した姿勢も含めて「神回答」である。

神回答
83

ベテルギウスには爆発してほしい

永田美絵（プラネタリウム解説員）
「子ども科学電話相談」でベテルギウスの話題になって（出典：「『ベテルギウスには爆発してほしい』NHK子ども電話相談『天文担当先生』の宇宙愛がすごすぎる」文春オンライン、2018年9月4日／本文のコメントも同出典）

「NHK子ども科学電話相談」というラジオ番組がある。小学生や中学生からの科学に対する疑問や興味に対して、研究者などの専門家が電話で答える番組だ。

一口に科学といっても、「昆虫」「天文・宇宙」「植物」「動物」「ロボット・AI」「恐竜」など、質問のジャンルは多岐にわたる。「恐竜の肉はおいしいの？」「宇宙人は悪い人なの？」「感情ってどうやって生まれるんですか？」といった子どもならではの発想が、番組への質問から垣間《かいま》見られる。

子どもの着眼点が面白いことに加えて、子どもと専門家のユニークなやりとりもまた、番組の見どころだ。恒星のベテルギウスの話題になったときに、同番組で天文・宇宙を担当する永田美絵《ながたみえ》が答えたのが、冒頭の言葉である。

ぶっ飛んだ回答はSNSでも話題になったが、文春オンラインのインタビューで、そのことについて、次のように語った。

「もちろん、爆発して、地球が大変なことになっちゃうんだったらしてほしくないですよ。でも、ベテルギウスまではかなりの距離があって、爆発しても地球に何ら影響がないというのも分かっています。だったら、見たいじゃないですか」

星が最後に起こす爆発現象のことを「超新星爆発」と呼び、昼間でも見えるぐらい明るくなるのだという。爆発すれば、誰もが空を見上げるはず。永田はこう語る。

「みんなが一緒になって、1つの宇宙を見ている、それって平和で素敵じゃないですか」

果てしない「星空愛」が、小中学生を楽しませる「神回答」となった。だが、好きが高じてとんでもない発想をすると、周囲をドン引きさせてしまうかも……。

神回答
84

割ってから文句言え！

立川談志（落語家）
石の投げ合いをして怒られたときに（出典：『立川談志語辞典』立川談慶著・誠文堂新光社、2019年）

落語界の革命児といえば、この人をおいてほかにはいない。立川談志《たてかわだんし》、その人である。

16歳で柳家小《やなぎやこ》さんに入門。2年後には二つ目に昇進し、小《こ》ゑんと名乗る。27歳で真打ちとなると、七代目立川談志を襲名。日本テレビ系「笑点」の初代司会や参議院議員など幅広く活躍した。

真打ちへの昇進について談志は、弟分の古今亭志ん朝《ここんていしちょう》に先を越されてしまうという、苦い経験をしている。それだけに、自分の弟子が真打ち昇進試験に落とされたときは、落語協会への積年の恨みが爆発する。談志は、47歳で独自の団体として「立川流落語会」を創設。志の輔《しのすけ》、談春《だんしゅん》ら、平成の名人を輩出することとなった。

そんな談志の反骨精神は、幼少期から育まれていたようだ。悪ガキたちと石の投げっこをして遊んでいたときのこと。見かねた近所のおじさんから「お前の投げた石が、あそこの家の窓ガラスを割ったらどうするんだ！」と怒られて、切り返した言葉が冒頭のものだ。いやいや、割ってからじゃ遅いじゃないか……と言いたくなるが、確かに割る前は未遂なのだから、スジは通っている。

大人に怒鳴られても委縮せずにこの切り返しができるとは、さすが談志だ。稀代の天才落語家は、小さい頃から肝が据わっていた。

「何かあったらどうする？」と、ついつい予防線ばかり張ってしまいがちだ。まだ起きてもいないことを考えすぎる必要はない。今この瞬間を生きるための「神回答」だ。

神回答
85

当たり前じゃねえからな、この状況

加藤浩次（お笑いタレント）
10年ぶりに地上波に復帰した相方に対して（出典：「めちゃ×2イケてるッ！　夏休み宿題スペシャル」フジテレビ系、2016年7月30日放送／本文のコメントも同出典）

自分にとって大切な人だからこそ、厳しく接しなければならないときがある。

２００６年に淫行騒動を起こして、吉本興業を契約解除になったお笑いコンビ「極楽とんぼ」の山本圭壱《やまもとけいいち》。２０１６年に活動を再開して、フジテレビ系「めちゃ×２イケてるッ！夏休み宿題スペシャル」に出演。相方の加藤浩次《かとうこうじ》は山本とボクシングリングで対峙した。

加藤は「10年ぶりだな。こうやって2人でテレビの前で話すのは」と話しかけて、この時点でまだ出演メンバーにきちんと謝罪していないことについて、こう声を荒らげた。

「いつか誰かが番組してくれて俺普通に戻れる？　そんなことねえからな。世間から何も受け入れられていねえ人間がテレビなんか出れねえんだよ！」

加藤の言葉に山本は涙を流して、「強い人間でいなきゃという……」と言葉を詰まらせながら、胸中を吐露した。その後加藤は、山本を慕《した》う5人の後輩が来てくれていることにも言及。「ここに出てくることにリスクしかねえからな」として、山本を擁護し続けたお笑いコンビ「ロンドンブーツ1号2号」の田村淳《たむらあつし》をはじめ、後輩の思いについても語りかけた。

「あんだけ優秀な芸人になって、若い頃世話してくれた、ご飯食べさせてくれた、それだけの思いでずーっとお前の味方だよ。淳なんかそれで何人敵作ったんだよ！」

山本は「皆さん、本当に10年間すいませんでした」と深く謝罪。二人でリングを降りると、視聴者に向かって二人で土下座している。その後、全国でライブツアーを行うことが発表され、コンビとして本格始動することが明かされた。


怒りであれ悲しみであれ、本気の言葉は相手にきっと届く。取り繕わずに、本音で。

第8章

相手のイメージを膨らませる「神回答」

神回答

86

最終回にふさわしい食べ物は何か？

……物寂しい食べ物。
食べているうちに
だんだん悲しくなってくる食べ物。
泣きながら食べるにふさわしい食べ物。
トコロ天なんかどうでしょうか

東海林さだお（エッセイスト、マンガ家）
雑誌の休刊により連載の最終回を迎えて（出典：「あれも食いたいこれも食いたい」東海林さだお著、週刊朝日 2023年6月9日休刊特別増大号）

食にまつわる文章は数多あるが、東海林《しょうじ》さだおのエッセイは、まさに唯一無二の逸品といえるだろう。

冷やし中華の具材について「はたから見ても、冷やし中華の中の錦糸卵の大義が見つからない」（『サンマの丸かじり』文春文庫）と頭を悩ませたかと思えば、「ハムカツはフライ物の中では身分がいちばん低い」（『猫めしの丸かじり』文春文庫）とハムカツの「身分詐称問題」を追究するなど、着眼点が独特だ。「グルメ志向」の欠片《かけら》もないところが、東海林さだおが書くエッセイの「味」となっている。

2023年、「週刊朝日」の休刊によって、長期連載「あれも食いたいこれも食いたい」が1734回で、いよいよ最終回を迎えることに。最終回にふさわしい食べ物として挙げたのが、冒頭の文章である。このあとにこう続けている。

「トコロ天てズルズルすすっているうちに、ナンダカ情けなくなってくるってことありませんか。……ナメコ汁はどうか。……ナメコの勝手な侵入をどうすることもできないオレ。情けないオレ。週刊朝日休刊によって心が深く傷ついているので、ナメコにさえ傷つく」

原稿の終盤では、連載が終わった翌週の朝食プランとして「ボソボソの麦めし」「東北地方の納豆汁」「目刺《メザシ》」「グニャグニャするナスの古漬け」を挙げている。この絶妙なチョイスが、東海林さだおの真骨頂だ。ちなみに同エッセイは、「まだまだ！あれも食いたい　これも食いたい」と名を変えて、朝日新聞「be on Saturday」にて隔週連載で復活した。

文章からイメージを膨らませているうちに、書き手と同じ体験を共有しているかのような気持ちになる。受け手の想像力を刺激する「神回答」だ。

神回答
87

私たちはここでは汚染する者であり、そして私たちはそれを認識している。私たちにできることは与えるダメージを最小限にするだけだ。持続可能性はない

イヴォン・シュイナード（パタゴニア創業者）
「持続可能性」について多くを語らない理由について（出典：「パタゴニアの創業者が語る：『なぜ持続可能性は存在しないのか』」パタゴニア公式サイト、2012年6月25日）

将来の世代が必要となるものを損なうことなく、現代人の要求を満たすためには、どんな取り組みを行うべきなのか。2030年までに達成するべき持続可能な開発目標として

「SDGs」という言葉がクローズアップされるようになった。

そんな時代を先取りするかのように、積極的に環境保全に取り組んできたアメリカ発祥のアウトドアブランドが「パタゴニア」である。

年間の利益から一定額を小規模な自然保護活動組織に寄付。原材料には、リサイクル・ポリエステルを多く使用して、石油への依存を削減するなど、常に環境に気を配っている。

まさに「持続可能性」を体現したような企業である。しかし意外なことに、創業者のイヴォン・シュイナードは持続可能性について多くを語っていない。

アメリカのラジオ番組「marketplace」でインタビューを受けて、「あなたが持続可能性について多く語らないのは、興味深いと思います」と振られると、シュイナードは、「人間の経済的企《くわだ》てに関しては、持続可能性というものはない」として、冒頭の言葉を続けた。

パタゴニアは、ブラックフライデーに「このジャケットを買わないで」という広告をニューヨーク・タイムズ紙に掲載し、物議をかもしたことも。ブランドメーカーでありながら、「必要ないモノは買わないで」と大量消費社会への警鐘を鳴らし続けている。

自分の日々の営みは、自然の環境にどんな影響を与えているのだろうか。地球規模で考えさせられる「神回答」だ。今すぐできることから始めてみよう。

神回答

88

目をつぶって回転しながら三重跳びをやってるような感じです。縄跳びの

羽生結弦（プロフィギュアスケーター）

4回転ジャンプの難しさを問われて（出典：「羽生結弦『可能なら5回転に挑戦したい』海外メディアの際どい質問にも“神回答”」スポーツ報知、2018年2月27日／特記のない本文のコメントも同出典）

プロの熟練した技がいかに高度なものなのか。レベルが高くなるほど、他人に伝えるのは難しい。「昭和の大名人」と称される名落語家・五代目古今亭志《ここんていし》ん生《しょう》は、こんなことを言っている（『天才100の言葉』山口智司著、彩図社、2008年）。

「他人の芸を見て、あいつは下手だなと思ったら、そいつは自分と同じくらい。同じくら

いだなと思ったら、かなり上。うまいなあと感じたら、とてつもなく先へ行っている」

見るとやるとでは、大違いということだろう。見るからに難しそうなフィギュアスケートの技は、一体どれくらい高度なのか。

フィギュアスケーターの羽生《はにゅう》結弦《ゆづる》は、２０１８年に平昌《ピョンチャン》五輪フィギュアスケート男子で2連覇を果たすと、日本外国特派員協会の会見に出席。海外メディアから、「4回転ジャンプや、4回転半、5回転の難しさをわかるように説明してほしい」と聞かれると、「難しいなぁ」と三度つぶやいて、頭を抱えた。

そして「う～ん。うあ～」ともだえながら、4回転ジャンプについて表現したのが、冒頭の言葉である。さらにこう続けた。

「4回転半は2回転しながら四重跳び、5回転は3回転しながら五重跳びするような感じです」

見事な説明に、会場にはどよめきの声が上がる。言語化もまさに世界トップクラスの羽生だった。


どんな分野でも熟練した技はかつて「見て盗め」と言われたが、時代は変わり「いかに伝えるか」が重要だ。言語化をあきらめず、相手の世界が広がるような伝え方を。

神回答
89

せっかく神様がいるのなら1局、お手合わせをお願いしたい

藤井聡太（将棋棋士）
「将棋の神様にお願いするなら、なに？」の質問に対して（出典：「藤井七段『神様にお願いするなら？』どよめき神回答」日刊スポーツ、2019年12月8日）

まさに圧巻といってよいだろう。将棋棋士の藤井聡太は2023年に史上初の八大タイトル全冠を制覇するという快挙を成し遂げた。

全タイトル制覇は、羽生善治九段が1996年に七冠を達成して以来のことだ。羽生は、

自身のときと比較しても、将棋の戦術は大きく変わり、競争も激化していることに触れながら、藤井の強さをこうコメントした（『藤井聡太さんは将棋界の歴史の中でも特異な存在』羽生善治九段語る」北野新太著、朝日新聞、2023年10月20日）。

「20代前半で全冠制覇は将棋の歴史でなかったこと。20代前半でも粗削《あらけず》りさ、苦手や弱点がほぼない意味で藤井さんは将棋界の歴史の中でも特異な存在である」

藤井は17歳11カ月で、初めてタイトルを獲得。最年少記録を塗り替えて話題を呼んだが、その年に開催された将棋のイベントでの「神回答」が話題となった。

ファンから「将棋の神様にお願いするなら、なに？」という質問を受けて、藤井が答えたのが、冒頭の「お願い」である。「さて、何を叶えてほしいんだ？」とほほ笑んでいた神様も、これにはたじろいだのではないだろうか。

将棋に対して厳しく熱心な姿勢で知られる藤井。ただひたすら、将棋が強くなることだけを望む。これこそが、藤井の強さだろう。

2024年は「藤井を誰が止められるか」の戦いとなる。果たして……。


「神様に自分が欲しいものを頼む」ではなく、「神様と一緒にしたいことを頼む」という発想が斬新。「4次元の棋士」とも呼ばれる藤井ならではの「神回答」となった。

神回答

90

性能の良いマシンが参戦すると聞き、フェラーリやベンツを想像していたら、ジェット機が来たという感じ

高野秀行（将棋棋士）

藤井聡太がデビューした際のコメントとして話題に（出典：「『ジェット機に乗って楽しく旅ができた』藤井聡太七段に敗れた棋士の“充実感”」岡部敬史著、文春オンライン、2020年2月16日／特記のない本文のコメントも同出典）

若き天才のすごさをどう語るのか。西武ライオンズの外国人選手ヘスス・アギラー内野手は、前チームで対戦した当時エンゼルスの大谷翔平について「違う惑星から来た人みたいな感じです」と評して、その衝撃を語っている（「【西武】主砲候補の新助っ人が感じた大谷のすごさ『違う惑星から来た人みたい』」スポーツ報知、2024年2月4日）。

サッカー界では、スペインのレアル・ソシエダに所属している久保建英《くぼたけふさ》も規格外だ。久保が18歳のときに、長友佑都《ながともゆうと》はこんな表現で才能を絶賛した。

「なんていうか、ドラえもんみたい。引き出しが多すぎて、何を出すか分からない。本当に読めないよね」（「【日本代表】久保建英の何が凄いのか。長友佑都が〝DF目線〟で解説」サッカーダイジェスト、2019年6月10日）

底知れない才能に、みな表現に苦心する様子が伝わってくる。

将棋界における底知れない天才が登場したとき、高野秀行六段は冒頭のように表現。期待をどれだけ上回ったかが巧みに表現されており、「神回答」として話題になった。

高野はそう評した藤井聡太と対局。対局後の自身のコメントは「あまり覚えていない」として、インタビューのなかで、改めてこう振り返っている。

「『今日は私もちょっとだけジェット機に乗せてもらえ楽しく旅ができました』くらいのことを言いたかった」

見たことがない風景を見せてくれる。それが天才と対峙する喜びなのかもしれない。


手放しに若き才能について褒めるとき、人は誰もが謙虚で、おごそかな表情になる。そこに少しの負けん気も加えながら、自らを叱咤《しった》する。それもまたベテランのすごみだ。

神回答
91

芥川はおそらく僕みたいな髪型のやつ嫌いやと思うんです

又吉直樹（お笑いタレント、作家）
芥川賞の受賞会見で（出典：「第153回 芥川賞・直木賞 受賞作発表と受賞者会見」THE PAGE、2015年7月16日／本文のコメントも同出典）

憧れの文豪にもまた憧れた文豪がいた――。拙著『文豪が愛した文豪』（彩図社、2023年）では、そんな文豪が慕う文豪について書いた。夏目《なつめ》漱石《そうせき》に憧れた芥川龍之介《あくたがわりゅうのすけ》だが、芥川に憧れた作家もまた、時代を超えて数多くいる。

お笑いタレントで芥川賞を受賞した又吉直樹《またよしなおき》がまさにそうだった。芥川に憧れて小説を読み始めて、小説家になったという又吉。芥川賞の受賞会見で、こんな質問を受けた。

「芥川賞を受賞した今、芥川龍之介にはどんな言葉をかけてもらいたいですか？」

会えない相手だけに想像が広がるが、又吉は冒頭のように答えて、場内を沸かせた。だが、ウケ狙いで言ったわけではなかったらしい。会見でこう続けている。

「芥川が、ベートーベンのことを『あいつは天才ぶってる』みたいな感じで書いているのがあって、それがすごく印象深いんですよね。僕はベートーベンは顔の表情と髪型はあれでいいと思ってたので。それくらいすごい厳しい一面を持ってるということだと思っていたので。でも芥川は、言われてみるとそうなんかなと思わせる説得力のある方なので、おそらく僕のことは、『又吉嘘つけ、この髪型、それっぽいからやってるんちゃうか』みたいなことを言われそうな気がします」

知られざるエピソードに、本当に芥川が好きだということが伝わってくる。その場にいた人たちが、神経質そうな芥川のイメージを膨らませたに違いない。

もう話を聞くことは叶わない相手だからこそ、語り続けることで、人々のなかで生き続ける。芥川賞の受賞会見にふさわしい「神回答」といえるだろう。

神回答
92

だって他と違うって素敵じゃない

テイラー・スウィフト（シンガーソングライター）
ファンからの相談に回答して（出典：「テイラー・スウィフト、ファンからのイジメ相談に真剣回答！『他人と違うってことは、特別なこと』とアドバイス」TVグルーヴ、2015年1月28日／本文のコメントも同出典）

「タイム」誌は、１９２７年から毎年、世界で最も大きな影響を与えた「今年の人」を選出している。これまでは、アメリカ大統領やロシアの指導者といった国のリーダーや、ジェフ・ベゾスやイーロン・マスクといった経営者などが選ばれてきた。

そんななか、２０２３年の「今年の人」に、シンガーソングライターのテイラー・スウィフトが選出された。芸術分野での功績が認められたのは初めてのことだが、彼女の活躍ぶりを思えば異論はないだろう。

デビュー以来17年間、女性アーティスト史上最多のアルバム№1を記録。2023年12月9日付の最新の全米アルバム・チャートでは、5枚のアルバムがトップ10入りするという空前の快挙を成し遂げた。

そんなテイラーがSNS「Tumblr」を通じて、ファンのカイロウ・ペティスさんから相談を受けた。変わった名前とやせ型であることから、いじめを受けているのだという。

テイラーは、名前が変わっているのは素敵なことだとして、こう続けた。

「だって他と違うって素敵じゃない。他人と異なることで、誰もが批判を受けたり、傷つけられるけれど、それ（違い）はあなたを際立たせるってことなの」

さらに「集団から離れるってことは、自分の弱さだと思っていたことが、ある日強さへと変わることにつながるわ」とファンを激励。いじめる相手については「彼らの醜い言葉を、あなたの美しい心に残しちゃダメ」とアドバイスを送った。

周囲と違いがあることは、集団のなかでは生きづらいが、自分の力で運命を切り拓くときにはむしろ武器になる。広い世界へ連れていってくれる「神回答」だ。

神回答
93

もう殺してしまったのです。神様を。森の奥に住んでいる神様を日本人は殺してしまった

宮崎駿（映画監督）
自分の思いを理解してほしいか、という質問に対して（出典：『「もののけ姫」を読み解く 別冊COMIC BOX vol.2』ふゅーじょんぷろだくと、1997年／本文のコメントも同出典）

人間はいかに自然と共生していくべきなのか。映画監督の宮崎駿は「もののけ姫」で、自然を破壊する人間たちと、森の生き物たちとの戦いを描いた。映画のなかでは、こんな印象的なセリフも登場する。

「誰にも運命《さだめ》は変えられないが、ただ待つか自らおもむくかは決められる」

しかし本作は、自然破壊を決してただの悪として描いているわけではない。登場人物の一人「エボシ御前《ごぜん》」は自然を破壊しながらも、社会的弱者が生きていけるような居場所を与えて、タタラ場の人々からは慕われている。

宮崎はインタビューで、次のように語った。

「この映画は『悪い人間が森を焼き払うから正しい人がそれを止めた』という映画ではないのです。よい人間が森を焼き払う。それをどう受け止めるかなんです」

インタビューでは「『自然に優しいジブリ』で終りたくなかった」とも吐露している宮崎。「(自分の思いを) 映画をみた人に理解して欲しいとおもっていますか?」という質問に対して、「思っていません。無理ですね」として冒頭のように述べて、こう続けている。

「でも殺してしまったことは、忘れない方がよいと思っています。そのおかげで、僕らが物質的には苦労しないで、毎日、『またほか弁だな』『またコンビニ弁当だ』と思いつつも喰えるようになった。文明とは、そういうものです」

もうすでに現代人は取り返しがつかないほど、自然環境を破壊してしまっている。その重大さをこれほど切に表現する言葉を、私は知らない。

神回答
94

宗教はすべて、この宇宙のスピリチュアルな本質との一体感を経験するという神秘体験を持った人間が、それぞれにそれを表現することによって生まれたものだ。その原初的体験は本質的には同じものだと思う

エドガー・ミッチェル（宇宙飛行士）
「あらゆる宗教の神は、本質的には同じか」という質問に対して
（出典：『宇宙からの帰還』立花隆著、中央公論社、1983年／本文のコメントも同出典）

1971年2月5日、アメリカのアポロ14号が月面に着陸。「アポロ計画」における8度目の有人宇宙飛行で、人類が月面に着陸したのは3度目となる。このときに、月面に33時間も滞在したのが、宇宙飛行士のエドガー・ミッチェルだった。

ミッチェルは1930年にテキサスに生まれた。子どもの頃からパイロットに憧れて、大

学卒業後は海軍に入り、テストパイロットになった。しかし、ソ連による人工衛星の打ち上げ成功を知ると、宇宙飛行士になることを決意。航空宇宙工学博士号を取得後に宇宙飛行士となり、アポロ14号に乗り込むこととなった。

月探検のミッションを果たしたのち、帰還する宇宙船のなかで、ミッチェルは遠くに浮かぶ地球を見ながら、「私という人間がここに存在しているのはなぜか。私の存在には意味があるのか」と自問自答した。すると、瞬間的に真理を把握したのだと言う。

「全体の中で、人間と神は一体だ。自分は神と一体だ。自分は神の目論見《もくろみ》に参与している。宇宙は創造的進化の過程にある」

神秘体験を語るミッチェルに、ジャーナリストの立花隆《たちばなたかし》は「あらゆる宗教の神は、本質的には同じということか」と質問。ミッチェルは「そういうことになる」と答えて、この言葉を言った。

世界に数々の宗教がある理由として、興味深い考え方だ。ミッチェルは「人間は宇宙に進出することによって地球生物から宇宙生物に進化した」という自説も展開している。

私たちはどこから来て、どこに行くのか——。どうしても日々に追われがちだが、そんな根源的な疑問と向き合う時間も必要だ。考え抜き、自分なりの答えを出そう。

最終章

歴史に残る「神回答」

ここまでさまざまな「現代」の神回答を
紹介してきたが、そのうちのいくつかは、
時代を超えて語り継がれることだろう。
最後に、歴史に刻まれた
「神回答」をお送りする。

神回答
95

閣下の英語も、もっと練習したら上達しますよ

白洲次郎（実業家）

マッカーサーの側近に英語を褒められて（出典：『白洲次郎 占領を背負った男』北康利著、講談社、2005年／本文のコメントも同出典）

白洲次郎《しらすじろう》はケンブリッジ大学クレア・カレッジに留学して帰国後、商社や日本水産の取締役などに就いた。日米の開戦、さらにその敗北まで予測し、都会を離れると、田舎で農作業暮らしを始めた。

だがある日、首相となる吉田茂《よしだしげる》の側近に抜擢される。終戦連絡事務局参与となり、憲法

改正草案、講和条約交渉などに関わった。次郎は、敗戦に卑屈になる日本の高官や政治家を叱りつけながら、流暢《りゅうちょう》な英語を武器にGHQと対等に渡り合った。

マッカーサーの側近のホイットニーと会ったときのことだ。ホイットニーから「貴方は本当に英語がお上手ですな」とお世辞を言われて、切り返したのがこの言葉である。

次郎の負けん気の強さは、サンフランシスコ講和会議でも発揮された。「講和会議首席全権顧問」として同行した次郎。講和条約の調印式では、吉田が演説をすることになっていた。次郎は、外務官僚が用意した演説の原稿を確認すると、こう一喝したという。

「なぜ英語なんだ？　日本人は日本語で堂々とやるべきだ！」

占領時代に終止符を打ち、これから独立しようとする国が、自分の国の言葉で演説しなくてどうするのか。次郎は単に日本語に直しただけではなく、奄美大島・琉球諸島・小笠原諸島の返還にも踏み込んだ内容に修正。吉田は見事な演説をやってのけた。

GHQをして「占領下、従順ならざる唯一の日本人」と言わしめた次郎。57歳で政財界の第一線からあっさり身を引くと、田舎で再び農作業暮らしを始めたのだった。

褒め言葉にすら噛みつく男は、どんなときでも己のスタイルを貫いた。人間関係は、言葉一つで変わっていく。いつでも誰が相手でも、卑屈になってはいけない。

神回答
96

それでもあの時私が居なかったら、先生の首は既に飛んでしまっていましょう

岡田以蔵（剣士）
人を斬ったことをたしなめられて（出典：『氷川清話』勝海舟著、江藤淳・松浦玲編、講談社学術文庫、2000年／本文のコメントも同出典）

まるで状況がわかっていないじゃないか――。そう呆《あき》れてしまうときは、ぴしゃりと指摘することで、相手も態度を改めるかもしれない。

土佐藩屈指の剣士である岡田以蔵《おかだいぞう》は、「天誅《てんちゅう》」と称して数々の暗殺を行った「幕末四大人《ひと》斬《き》り」の一人。

「人斬り以蔵」として恐れられていた以蔵は、その卓越した剣術で、要人の護衛にあたることもあった。

幼なじみの坂本龍馬《さかもとりょうま》の紹介によって、以蔵が勝海舟《かつかいしゅう》を護衛したときのことである。京都の寺町通りを歩いていると、突然3人の刺客《しかく》が海舟に襲い掛かってきた。

すると、以蔵はすぐさま長刀を引き抜いて、1人を真っ二つに斬ってしまうと、「弱虫どもが何をするか」と一喝。その早業に残りの2人はその場を逃げ出し、事なきを得た。

後日、海舟はこのときのことを持ち出して、以蔵にこう忠告した。

「君は人を殺すことを嗜《たしな》んではいけない、先日のような挙動は改めたほうがよかろう」

それを受けて、以蔵が言ったのが、この一言だ。

刀のように切れ味するどい、切り返しである。海舟は「これにはおれも一言もなかったよ」とのちに振り返った。

この事件のあと、海舟は以蔵に護衛へのお礼として、フランス製のリボルバーを贈ったという。

プロだからこそ、的外れな批判は耐え難《がた》いもの。護衛の任務をまっとうした以蔵は、そのことをきちんとわかってほしかったのだろう。伝えなければなかったことになる。

神回答
97

人生には不愉快なことがらが多い。だからこれ以上、不愉快なものを作る必要はない

ピエール＝オーギュスト・ルノワール（画家）
なぜ女性や家族ばかり描くのか問われて（出典：『「あのひとこと」知ってるつもり?!　ことばのアンソロジー』日本テレビ・知ってるつもり編、日本テレビ放送網、2001年）

印象派を代表する画家ルノワールは、「フランス最高の画家」ともいわれ、１９００年には勲章を与えられた。

2人の子ども、愛する妻と幸せな生活を送っていたルノワールだが、重いリューマチを患《わずら》ってから生活は一変してしまう。自転車から落ちて腕を骨折すると、病状は悪化。61歳のときには杖なしでは歩行不可能になった。

ルノワールの全身の関節には激しい痛みが襲いかかり、死ぬまで約20年もの間、闘病生活を送ることになる。

病床でもだえ苦しむなか、不幸は続く。勃発した第一次世界大戦で息子が負傷。さらに看護に疲れた妻も他界してしまった。

人物を描くことを得意とし、情緒的な人物画を数多く残したルノワール。あるときこんな質問を受けた。

「なぜ女性や家族ばかり描くのか？」

ルノワールが笑って答えたのが、この名言だ。

ルノワールは車椅子生活になっても、78年の生涯を閉じるまで、陽気で幸せな絵を描き続けた。

SNSなどで誰もがすぐに自己表現できるが、わざわざ自分が不愉快になるような発信をしてしまっていないか。心がギスギスしたときに思い出したい「神回答」だ。

神回答
98

ヤンキーか、ドンキーか、それともモンキーか？

岡倉天心（美術評論家）
アメリカ人に冷やかしを受けて（出典：『英語達人列伝　あっぱれ、日本人の英語』斎藤兆史著、中公新書、2000年）

美術評論家の岡倉天心《おかくらてんしん》は、猛スピードで西洋化が進んだ明治時代において、古美術品の保存を呼びかけるなど日本の伝統美術の優れた価値を認めていた。

『東洋の理想』『THE BOOK OF TEA（茶の本）』などの英文の著作で、東洋や日本の美術文化を海外に紹介した功績は計り知れない。

天心がアメリカに滞在していたときのことである。横山大観《よこやまたいかん》とともに、羽織と袴という
いつものスタイルでボストンを闊歩《かっぽ》していると、天心たちは現地の人間にこんな冷やかし
を受けた。

「あんたら何ニーズだ？　ジャパニーズかい、チャイニーズ，それともジャワ人か？

（What sort of nese are your people? Are you Chinese, or Japanese, or Javanese?)」

それに対して天心は瞬時に、こう言い返したという。

「私たちは日本人紳士だ。あんたこそ何キーなんだい？　ヤンキーか、ドンキーか、それ
ともモンキーか？（We are Japanese gentlemen. But what kind of key are you? Are you a
Yankee, or a donkey, or a monkey?)」

ドンキーには「ロバ」という意味のほかに「まぬけ」という意味もあるというから、見
事である。

天心は6、7歳の頃から語学校の教師のもとで英語を勉強していた。培《つちか》われた英語力を
存分に活かした、胸のすくユーモアあふれる切り返しとなった。

雰囲気に流されて、曖昧《あいまい》な態度をとることはなかった天心。国際社会で活躍するには語学も大切だが、それ以前に「自分の意見をきちんと言う」ことを心がけるべし。

神回答
99

自分の命を惜しんでこそこそ隠れているような指導者に、一体誰がついてくるというのだ

フィデル・カストロ（革命家）
暗殺の危険を指摘されて（出典：『チェ・ゲバラの遥かな旅』戸井十月著、集英社文庫、2004年）

フィデル・カストロは、キューバ革命を起こし、アメリカの傀儡《かいらい》だったバティスタ政権を打倒した。国家元首となったカストロは、キューバを社会主義国家へと変革させる。

言うまでもなく、革命の道のりは平坦なものではなかった。

まず1953年、キューバのオリエンテ州のモンカダ兵営を攻撃するが、奇襲は失敗し、

80人以上が死亡する。カストロは一時的にメキシコに亡命したのち、再びオリエンテ州で攻撃をしかけるが、激しい反撃を受け、生き残ったのは12名だけだった。

それでもゲリラ戦を繰り返し、カストロは徐々に民衆を味方につけていく。

800人以上の大軍になったカストロの軍隊に対して、政府軍は17の大隊を送り出す。数の上で圧倒的に不利だったカストロたちだが、革命への勢いが味方した。政府軍が戦いを放棄しはじめ、カストロ軍は首都ハバナまで迫り、バティスタは国外逃亡。革命に勝利し、カストロは新政権を樹立したのだった。

歴史的勝利の凱旋《がいせん》パレードのときのことだ。隊列の先頭に立とうとするカストロに、周囲はこう言った。

「暗殺の危険もあるから、目立たぬようにした方がいい」

そこでカストロが返したのが、この名言だ。カストロにとって、キューバ革命は第一の勝利に過ぎなかった。キューバを自立させなければ、革命は意味を成さない。カストロは母国建て直しへの並々ならぬ意欲を燃やすことになる。

リーダーは一挙手一投足を、従える者たちから常に見られているといってよい。恥ずかしくない行動をすること。また、行動をきちんと説明することが重要となる。

神回答
100

イヤダカラ、イヤダ

内田百閒（作家）
芸術院会員推薦の内定の通知を受けて（出典：『新潮日本文学アルバム 42 内田百閒』新潮社、1993年／本文のコメントも同出典）

夏目漱石の弟子で、小説家・随筆家である内田百閒《うちだひゃっけん》は、辛辣《しんらつ》で偏屈な頑固者で知られている。

しかしユーモアにあふれているため、身勝手と思われるような振る舞いをしても、多くの人に慕われ、今の時代になってもなお、作品を通して百閒の偏屈ぶりを楽しむ読者が生まれている。

内田百閒は、1967年に芸術院会員に内定。その通知を受けたが、これを辞退している。辞退を伝えるメモに書いたのが、この言葉だ。さらにこう続けている。

「なぜいやか、と云《い》えば気が進まないから。なぜ気が進まないかと云えば、いやだから」

百閒が敬愛してやまなかった夏目漱石もまた、またとない申し出を断って周囲を困らせたことがある。1911年、文部省（当時）から「文学博士を授与する」と博士号が漱石に送られた。

特に断る理由はなさそうだが、漱石はこれを辞退。「博士号辞退事件」として大騒ぎになった。辞退した理由について漱石は「ただの夏目なにがしで暮したい」と述べている。

百閒は、少しでも漱石にあやかりたいと、わざわざ漱石の机の長さを紐で測り、同じ寸法の机を注文したことがある。芸術院会員選出に対する、百閒のシンプルすぎる「神回答」も、大好きな漱石にあやかったものだったのかもしれない。

どんな誘いも、断る理由など、相手に説明する義理はない。イヤだから、イヤ。シンプルにこう断っても、受け入れてくれる場所や仲間こそが、その人の財産である。

おわりに

「神回答の本を書きませんか？」

フリー編集者の堀田さんと出版プロデューサーの中野さんから、そんな打診を受けたのは、2022年9月のことである。「面白そうだな」とすぐに快諾したのにはワケがあった。

これまで私は数多くの名言集を出版してきた（数えたら13冊も出している）。名言を集めていて気がついたのが、名言には2種類あるということ。それは「はじめに」で書いた通りなのだが、「会話のやりとりのなかで生まれる言葉」というのが、自分は仕事でもプライベートでも好きなのだなあと、日々実感していたのである。

「神回答」は当然一人で生み出すことはできなくて、相手との共同作業ともいえる。例えば、インタビューをする人がものすごく勉強不足だったからこそ、相手から思わぬ答えが引き出せることだってあるわけだ。この場合、インタビュアーは結果的によい仕事をしたといえよう。この何が起きるかわからないスリリングさこそが会話の妙であり、そこに私は大げさにいえば「生きていて楽しい！」と感じるようなのだ。

とはいえ、これまで書いてきた名言集とは一線を画するものになる。歴史人物でも作れなくもないが（現に本書の最終章がそれに該当する）、やはり今の時代で活躍する人の「神回答」が読者は知りたいだろう。特にこの本は、神回答に「へー」と感心するだけではなく、何らかのかたちで、日々の生活に生かせるようにしたかった。発言者の時代や国がバラバラだと応用しにくそうだ。

これまでにない本なだけに、企画が実現するかしらんと怪しんでいたが、中野さんも堀田さんも「どこの出版社で出すかですね」と終始、自信ありげ。最終的に小学館で刊行してもらえることになった。

担当編集者の関さんが週刊ポストの編集者であると聞いて「なるほど！」と思った。この本は、今の世相を反映した雑誌的な要素が多分に含まれているからだ。また、もともとは書店員の浪花知子さんから中野さんへ「こんな本があったら……」と企画の提案があったのが始まりだとのちに知る。

執筆を始める前の段階で、いろいろな人の想いが乗せられている企画なだけに、私の原稿そのものが「神回答」となれるようにと、筆を執《と》った次第である。

今の時代の空気とともに、神回答を味わってもらえれば、うれしく思う。

【引用・参考文献／ウェブサイト一覧】

第１章

「74歳・武田鉄矢『子育ては失敗します』悩める母親へのド正論回答『泣いた』『刺さった』トレンド入り」(スポーツ報知、２０２３年７月19日)https://hochi.news/articles/20230719-OHT1T51077.html

「たけしの〝前向き発言〟に感嘆の声」(ナリナリドットコム、２０１７年９月６日)https://www.narinari.com/Nd/20170945603.html

『山中伸弥先生に、人生とｉＰＳ細胞について聞いてみた』(山中伸弥・緑慎也著、講談社、２０１２年)

「WEEKLY OCHIAI　天才・羽生善治の本質」(NewsPicks 、２０２２年４月20日)https://newspicks.com/live-movie/2019?invoker

「【全てのアスリートに捧ぐ】ウサイン・ボルトからのメッセージ」(ＴＢＳ陸上ちゃんねる【公式】、２０２２年７月10日)https://www.youtube.com/watch?v=MWt8weN52yk

「デジタルの力で台湾を変えたオードリー・タンに、〝これからの時代を生きるヒント〟を聞いてみた！」(ＴＢＳラジオ アシタノカレッジ、２０２１年９月２日)https://www.tbsradio.jp/articles/43664/

『オードリー・タンの思考　ＩＱよりも大切なこと』(近藤弥生子著、ブックマン社、２０２１年)

「『ほぼ半分は非難の歴史でした』タモリさんの生き様が滲んだスピーチ、〝東京の坂道〟に興味を持った理由がエモい」(ハフポスト日本版、２０２３年６月１日)https://www.huffingtonpost.jp/entry/story_jp_647834fbe4b02325c5decb61

「さんま、鶴瓶も驚いた…タモリが32年も「いいとも」を続けるために絶対にやらなかったこと」(プレジデントオンライン、２０２２年３月21日)https://president.jp/articles/-/55347?page=2#goog_rewarded

『「これだけは、村上さんに言っておこう」と世間の人々が村上春樹にとりあえずぶっつける３３０の質問に果たして村上さんはちゃんと答えられるのか？』(村上春樹著・安西水丸絵、朝日新聞出版、２００６年)

『渥美清の伝言』(ＮＨＫ「渥美清の伝言」制作班編、ＫＴＣ中央出版、１９９９年)

「【美輪明宏】『目に見えるものは見なさんな』完全版」(ユーチューブチャンネル RED Chair、２０２１年10月26日)https://www.youtube.com/watch?v=MnVG9u4NR-I

『すべての道は役者に通ず』(春日太一著、小学館、２０１８年)

「佐藤浩市、父・三國連太郎さんとの不仲説を説明　共演した映画は『本当にやっといて良かった』」(サンスポ、２０２２年５月23日)https://www.sanspo.com/article/20220523-RALFIEFZYRFJ3IVAGWVQ2MSIXI/

「『ドラゴンボール』鳥山明がマンガが描けない!?　ペン入れアレルギー『オッサンは引退するのが一番です』」(Ｊ－ＣＡＳＴニュース、２０１３年３月26日)https://www.j-cast.com/2013/03/26171233.html

「加藤一二三の公式Ｘアカウント」(２０１７年７月２日)https://twitter.com/hifumikato/status/881511731263975425

「ヤンヨンヒ監督、モーリー・スリヤ監督との対談で後進にアドバイス『自分を信じるド厚かましさも才能』【第36回東京国際映画祭】」(映画.com、２０２３年10月31日)https://eiga.com/news/20231031/13/

『利他　人は人のために生きる』(瀬戸内寂聴・稲盛和夫著、小学館文庫、２０１４年)

『生きることば　あなたへ』(瀬戸内寂聴著、光文社文庫、２００９年)

『もっと知りたい葛飾北斎　生涯と作品』(永田生慈監修、東京美術、２００５年)

第２章

「米歌手・レディー・ガガさん／『思いやりが世界を変える』」(飯田香織著、日本記者クラブ　取材ノート、２０２０年８月)https://www.jnpc.or.jp/journal/interviews/35179

「森泉、〝苦手な人はいる？〟への返しが話題『神回答』『こんな人になりたい』」(モデルプレス、２０２３年４月20日)https://mdpr.jp/news/detail/3708791

「『モテるでしょ？』と聞かれた時の正解は？　滝沢カレンの『切り返し』に視聴者共感」(Ｊ－ＣＡＳＴニュース、２０２１年10月４日)https://www.j-cast.com/2021/10/04421250.html

「『人からの第一印象を良くするには？』お姉さまが神回答！このアドバイス、人生で大事にしたい…」（丸山愛菜著、BuzzFeed、２０２３年３月23日）https://www.buzzfeed.com/jp/ainamaruyama/kanosisters-0314-03

「無理をしてでも、友達の輪に入るべきですか？【おしえて！イチロー先生】」（ＳＭＢＣ日興証券公式チャンネル、２０２０年６月23日）https://www.youtube.com/watch?v=m8WA2ZxQbTc

『ぼくはイエローでホワイトで、ちょっとブルー』（ブレイディみかこ著、新潮社、２０１９年）

『アンパンマン大研究』（やなせたかし・鈴木一義編著、フレーベル館、１９９８年）

「なぜこんな話し方になったのか理由を明かすジジェク（日本語字幕）」（ユーチューブチャンネル ジョージのチャンネル、２０２１年３月20日）https://www.youtube.com/watch?v=jZs_ATh8VoE

「三浦知良への『お辞めなさい』発言で大炎上した張本勲さん、本人からのサプライズメッセージに最後は『あっぱれ』を贈る」（中日スポーツ、２０２１年12月26日）https://www.chunichi.co.jp/article/390920

『オスカー・ワイルドの生涯―愛と美の殉教者』（山田勝著、ＮＨＫブックス、１９９９年）

「桑田佳祐、ソロに刻んだ、挑戦と解放の35年を語る――最新ベストアルバム『いつも何処かで』から、今こそ感じる音楽家としての幸せまで、その胸中に迫るロングインタビュー」（「ROCKIN'ON JAPAN」２０２２年12月号）https://rockinon.com/interview/detail/204727

「ティモシー・シャラメ、アーミー・ハマーのスキャンダルに言及『長く話すべきこと』」（倉若太一著、Real Sound、２０２１年10月12日）https://realsound.jp/movie/2021/10/post-879458.html

「『論破なんてしないほうがいい、幼稚なんですよ』ひろゆきを言い負かしたラッパー・呂布カルマ（40）が『空前の論破ブーム』に警鐘を鳴らす理由」（神田桂一著、文春オンライン、２０２３年５月17日）https://bunshun.jp/articles/-/62774

『植木等伝 「わかっちゃいるけど、やめられない！」』（戸井十月著、小学館文庫、２００７年）

「チャンスの時間」（ＡＢＥＭＡ、２０２４年２月18日放送）https://abema.tv/video/episode/90-979_s1_p258

「【ノーカット動画も】大谷翔平 結婚公表で取材応じる 決め手は」（ＮＨＫ ＮＥＷＳ、２０２４年３月１日）https://www3.nhk.or.jp/news/html/20240301/k10014375151000.html

「大谷翔平『次のチームをドジャースに決めました』日本時間５時８分にＳＮＳで報告…アイコンも変更」（スポーツ報知、２０２３年12月10日）https://hochi.news/articles/20231210-OHT1T51021.html

「『人の気持ちが分からないのは、心が冷たいからではない』脳科学者がそう断言する理由『共感』の幅を広げると人間関係はラクになる」（茂木健一郎著、プレジデントオンライン、２０２２年５月３日）https://president.jp/articles/-/57042

『バカの壁』（養老孟司著、新潮新書、２００３年）

第３章

「字幕翻訳家・戸田奈津子さん 根底にある『自分のことは自分で決める』という哲学」（女性セブン、２０２２年８月９日）https://www.news-postseven.com/archives/20220809_1781347.html?DETAIL

「【インタビュー】字幕翻訳者・戸田奈津子『エッ？と思う字幕は、どこかおかしいの』」（BuzzFeed、２０１７年１月４日）https://www.buzzfeed.com/jp/eimiyamamitsu/interview-with-natsuko-toda

「棋士のそばから。」連載第５回「物語じゃないから面白い」（松谷一慶著、ほぼ日刊イトイ新聞、２０１７年９月９日）https://www.1101.com/shogi_report/2017-09-09.html

「『藤井聡太さんに抜かれるのなら光栄です』最年少名人・谷川浩司が語る“藤井将棋”の完璧さ『気配りができるところも含めて…』」（NumberWeb、２０２３年２月26日）https://number.bunshun.jp/articles/-/856563

「のんさんがどうしても矢野顕子さんに聞いてみたかったこと」（斉藤勝寿著、朝日新聞、２０２２年10月30日）https://www.asahi.com/articles/ASQBX4SV

2QBFUCVL049.html
「『努力は必ず報われる』論争に明石家さんま参戦　『そんなこと思う人はダメですね、間違い』」（J－CASTニュース、２０１４年６月９日）https://www.j-cast.com/2014/06/09207138.html
『決断力』（羽生善治著、角川新書、２００５年）
「イチロー氏　高校生から目標達成後に大切なこと問われ　WBCで世界一の栄冠も『残酷だけど…』」（スポニチ、２０２３年12月17日）https://www.sponichi.co.jp/baseball/news/2023/12/17/kiji/20231217s00001002557000c.html）
「永ちゃん　俺たちはもう一度走れるだろうか」（NHKスペシャル、２００６年２月26日放送）
『成りあがり―矢沢永吉激論集』（矢沢永吉著、小学館、１９７８年）
「人生で大事なことは、みんなYAZAWAに教わった。」（重松清著、TITLE、２００４年10月号）
「本田圭佑の公式Xアカウント」（２０１７年７月３日）https://twitter.com/kskgroup2017/status/881636756889649152
「メイウェザーに聞いた『なぜ闘い続けるのか？』　全てを手にしたレジェンドが貫く哲学」（角野敬介著、ENCOUNT、２０２２年９月24日）https://encount.press/archives/358793/
「ユーチューブチャンネルJustUp」（２０２２年９月30日）https://www.youtube.com/shorts/CbZN5FACIO8）
「この動画は本当に公開していいのか？」（エガちゃんねる EGA-CHANNEL、２０２２年３月21日）https://www.youtube.com/watch?v=VKL--WrWVTw
「山田孝之、村西とおるの「『全裸監督』主演で仕事に支障は？」という質問へ神回答」（デイリー新潮、２０１９年９月13日）https://www.dailyshincho.jp/article/2019/09130557/
「初の井上ひさし作品にして、初のひとり芝居！『芭蕉通夜舟』を演じる坂東三津五郎の心境は？」（鈴木文恵著、チケットぴあ、２０１２年５月21日）https://ticket-news.pia.jp/pia/news.do?newsCd=201205210000
「『バスケはすっごい、すっごい楽しい』八村塁がNBAレイカーズで思い出した〝原点〟とは？ 敏腕コーチと最高のお手本に囲まれた濃密４カ月」（宮地陽子著、Number Web、２０２３年５月30日） https://number.bunshun.jp/articles/-/857649
「【LIVE】横綱 白鵬 引退会見　SUMO」（日本相撲協会公式チャンネル、２０２１年10月１日）https://www.youtube.com/watch?v=p5Ixz6dh294

第４章

「『私の長年の考えは…』坂本龍一さんの盗作疑惑を謝罪した韓国歌手への対応が素晴らしい。心が海のように広かった」（ハフポスト日本版、２０２２年６月23日）https://www.huffingtonpost.jp/entry/story_jp_62b3b875e4b0cdccbe666252
「諦めず立ち上がる　言葉から振り返る横田早紀江さんの思い」（新潟日報、２００２年９月17日）
「ヒカルパイセンに聞け！ 2021.06.26 パート２」（ユーチューブ公式チャンネル Hikaru Utada、２０２１年６月26日）https://www.youtube.com/watch?v=42-7D7lZdC8
「Ｍａｔｔ『学校でなんでメイクしたらダメ？』の疑問に神回答…ファン『素晴らしい』『すごく救われます』」（スポーツ報知、２０２３年３月８日）https://hochi.news/articles/20230308-OHT1T51020.html
「みやぞんの公式Xアカウント」（２０２３年10月22日）https://twitter.com/anzenmiyazon/status/1715897276118249872
「みやぞん、ネガティブな気持ちになった時の〝対処法〟明かす『自分を責めない』」（エキサイトニュース、２０１９年８月22日）https://www.excite.co.jp/news/article/E_talentbank_107172/
「（いじめられている君へ）さかなクン『広い海へ出てみよう』」（さかなクン著、朝日新聞、２０１５年８月30日）https://www.asahi.com/articles/ASH8Z517SH8ZUEHF00D.html
「第４回上沼恵美子の人生相談～お姉ちゃんも来てくれました～」（上沼恵美子ちゃんねる、２０２２年12月26日）https://www.youtube.com/watch?v=shWzzuvh8RA

『ココ・シャネルという生き方』（山口路子著、新人物文庫、２００９年）
「【3児の母ミキティ】ママプロフィールを改めてお伝えします!!」（ハロー！ミキティ／藤本美貴チャンネル、２０２３年11月７日）https://www.youtube.com/watch?v=CLwcLj5flAY&t
「『ウンチが付いた靴は……』。試合後の会見で飛び出したフットボールの名言」（田島大著、フットボリスタ、２０２１年10月28日）https://www.footballista.jp/news/123048
「『僕はなぜプロで成功できなかったんでしょうか』…斎藤佑樹の質問に国分太一が返した『驚き』の答え」（現代ビジネス、２０２３年５月15日）https://gendai.media/articles/-/107866

第5章

「松岡修造、〝天気ネタ〟質問ＮＧに！　記者の心の雲を晴らした生真面目すぎる〝修造節〟」（サイゾーウーマン、２０１５年４月26日）https://www.cyzowoman.com/2015/04/post_15804_1.html
『〈映画の見方〉がわかる本―『２００１年宇宙の旅』から『未知との遭遇』まで』（町山智浩著、洋泉社、２００２年）
『映画監督スタンリー・キューブリック』（ヴィンセント・ロブロット著、浜野保樹・櫻井英里子訳、晶文社、２００４年）
「仙台育英監督『青春って、すごく密なので』　優勝インタビュー全文」（朝日新聞、２０２２年８月22日）https://digital.asahi.com/articles/ASQ8Q6GMZQ8QPTIL01M.html
「『生きてること』と『最後は死ぬこと』はあまり関係ない【カズレーザーコメント返し】」（ユーチューブチャンネル　カズレーザーの50点塾、２０２２年９月10日）https://www.youtube.com/watch?v=H-DmX7KQUcA
『役者は一日にしてならず』（春日太一著、小学館、２０１５年）
「ｉＰＳ細胞研究所名誉所長・山中伸弥　研究者の資質は『予想と反対の結果になったとき、それを喜べるかどうか』」（ニッポン放送、２０２３年10月26日）https://news.yahoo.co.jp/articles/cf195bcc51c60ccaaf83c3b6642b04e38efc4ae9
「アーセナル冨安は『なんて賢い男なんだ』　ＶＡＲの質問に〝神回答〟で国内外から喝采『スマート』『彼が正しい』」（FOOTBALL ZONE、２０２３年11月８日）https://www.football-zone.net/archives/486685
「まつもｔｏなかい～マッチングな夜～」（フジテレビ系土曜プレミアム、２０２０年11月21日）
「ノーベル賞受賞決定のカリコ博士　会見で喜び語る『受賞は考えてもみなかった』」（テレビ朝日　ＡＮＮニュース、２０２３年10月３日）https://news.tv-asahi.co.jp/news_international/articles/000318217.html
「ノーベル賞ワクチン学者・カリコ氏『パンデミックが起こらず、自分が無名のままでいるほうが良かった』」（プレジデントオンライン、２０２３年、10月３日）https://president.jp/articles/-/74541?page=4
「松本人志 大文化祭」（ＮＨＫ ＢＳプレミアム、２０１１年11月５日）
「沢木耕太郎 自由を広げ、生きる」（ＮＨＫ クローズアップ現代、２０２３年１月10日）https://www.nhk.or.jp/gendai/articles/4736/
『すべての道は役者に通ず』（春日太一著、小学館、２０１８年）
『ゲゲゲのゲーテ』（水木しげる著、水木プロダクション編、双葉新書、２０１５年）
『天災人災格言集―災害はあなたにもやってくる！』（平井敬也著、興山舎、２０１２年）

第6章

「【太田上田＃２１４】映画について語りました」（ユーチューブチャンネル太田上田【公式】、２０２０年５月29日）https://www.youtube.com/watch?v=GQI8-UOEKUc
「アカデミー賞でハプニング。そこで見事な名言」（伝え方の秘密 佐々木圭一オフィシャルブログ、２０１７年３月２日）https://ameblo.jp/sasaki9wari/entry-12252587061.html
「高嶋ちさ子が、剛力彩芽に放った名言『男は山手線』の真意に共感の声！」（アサジョ、２０２０年１月７日）https://asajo.jp/excerpt/83764
「女王陛下にキスされた話」阿川弘之著、『母のキャラメル 01年版ベスト・エ

ッセイ集』(日本エッセイスト・クラブ編、文春文庫、2004年)収載
「麻生太郎のアドリブ力!!『日本製じゃないよね?』」(ユーチューブチャンネル まつりごと【政治・国会切り抜き】、2022年7月6日)https://www.youtube.com/@user-kc9oe8ty9f
「『麻生大臣は反省して』セクハラ罪ない発言に抗議」(朝日新聞、2018年5月7日)https://www.asahi.com/articles/ASL5756D7L57UTIL02L.html
「自民・麻生氏『おばさん』発言を撤回 『容姿表現に不適切な点』」(時事ドットコムニュース、2024年2月2日)https://www.jiji.com/jc/article?k=2024020200883&g=pol
「落語家・三遊亭円楽さん〝不倫報道〟で会見」(ANNnewsCH、2016年6月11日)https://www.youtube.com/watch?v=ZYuHggcm6A
「錦織圭のスピーチには〝重大な欠陥〟がある」(プレジデントオンライン、2019年7月7日)https://president.jp/articles/-/28582
『ラストゲーム―プロツアー転戦記最終篇「続・晴れのちテニス」』(伊達公子著、日本文化出版、1996年)
「池上彰に賛否…選挙特番での〝無双〟は正義?それともただの無礼?」(デイリースポーツ、2017年10月31日)https://www.daily.co.jp/gossip/matome/2017/10/31/m_0000314.shtml
「小泉進次郎議員『パフォーマンスと言われても構わない』福島の海でサーフィン堪能 処理水の安全性強調」(デイリースポーツ、2023年9月4日)https://www.daily.co.jp/gossip/2023/09/04/0016774720.shtml

第7章

「リュウジの公式Xアカウント」(2023年5月18日)https://twitter.com/ore825/status/1659182378357764096
「この1年で1番の名言は? 『伝え方グランプリ2019』ベスト10」(佐々木圭一著、ダイヤモンド・オンライン、2019年12月28日)https://diamond.jp/articles/-/224027
「蒼井優、結婚の理由は『冷蔵庫をちゃんとすぐ閉めるとか…』」(スポーツ報知、2019年6月5日)https://hochi.news/articles/20190605-OHT1T50209.html
「『偽善で売名ですよ』杉良太郎の〝男前〟語録 ネット上で復興支援を再評価の声」(夕刊フジ、2016年3月12日)https://www.zakzak.co.jp/entertainment/ent-news/news/20160312/enn1603121529017-n1.htm?view=pc
「『もちろん売名だよ』超大物俳優の痛快すぎる福祉論」(BuzzFeed、2020年1月1日)https://www.buzzfeed.com/jp/ryosukekamba/sugi4
「人志松本の酒のツマミになる話」(フジテレビ系、2021年8月20日)
「アンミカの名言『白は200色あんねん』はパリコレでの大失敗から生まれた」(スマートフラッシュ、2023年7月20日)https://smart-flash.jp/entame/244723/
「大坂なおみ『あなたがどう受け止めたかに興味ある』7つのマスク問われ。全米オープン2度目のVインタビュー」(井上未雪著、ハフポスト日本版、2020年9月13日)https://www.huffingtonpost.jp/entry/news_jp_5f5d4f34c5b62874bc1dda6f
「孫正義の公式Xアカウント」(2013年1月8日)https://twitter.com/masason/status/288641633187147776
「孫正義氏が明かすTwitter への投稿を止めた理由」(CNET Japan、2013年9月30日)https://japan.cnet.com/article/35037837/
「糸井重里、ファンの質問に〝神回答〟 『好きなものが嫌いになっちゃう不安は?』」(MAiDiGiTV、2019年9月8日)https://www.youtube.com/watch?v=9YNFRRq4TP0
「泉谷しげるに〝よく聴く曲〟を尋ねたらまさかの答えが!『練習のために聴いている』」(池守りぜね著、フムフムニュース、2023年8月16日)https://fumufumunews.jp/articles/-/24117
「小倉優子や泉谷しげるが有吉にカミングアウト『反省会』2時間SP」(お笑いナタリー、2017年4月1日)https://natalie.mu/owarai/news/227035
「『ジョーダンは15年で6回優勝したが、残りの9年は失敗なのか?』失意のヤニスが記者からの質問に不満爆発〈DUNKSHOOT〉」(THE DIGEST、2023年4月27日)https://thedigestweb.com/basketball/detail/id=67658
「『ベテルギウスには爆発してほしい』NHK子ども電話相談『天文担当先生』

の宇宙愛がすごすぎる」(文春オンライン、２０１８年９月４日)https://bunshun.jp/articles/-/8809
「ＳＮＳで話題、〝子どもが主役〟の『子ども科学電話相談』なぜ大人に刺さる?」(オリコンニュース、２０１８年８月31日)https://www.oricon.co.jp/special/51602/
「ＮＨＫ『夏休み子ども科学電話相談』の仕掛人に、舞台裏を聞いてきた」(ITmediaビジネスオンライン、２０１８年８月22日)https://www.itmedia.co.jp/business/articles/1808/22/news015.html
『立川談志語辞典』(立川談慶著、誠文堂新光社、２０１９年)
「めちゃ×２イケてるッ!　夏休み宿題スペシャル」(フジテレビ系、２０１６年７月30日放送)

第８章

「あれも食いたいこれも食いたい」(東海林さだお著、週刊朝日２０２３年６月９日休刊特別増大号)
『サンマの丸かじり』(東海林さだお著、文春文庫、２０１６年)
『猫めしの丸かじり』(東海林さだお著、文春文庫、２００４年)
「パタゴニアの創業者が語る:『なぜ持続可能性は存在しないのか』」(パタゴニア公式サイト、２０１２年６月25日)https://www.patagonia.jp/stories/patagonia-founder-on-why-theres-no-sustainability/story-107587.html
「羽生結弦『可能なら5回転に挑戦したい』海外メディアの際どい質問にも〝神回答〟」(スポーツ報知、２０１８年２月27日)https://hochi.news/articles/20180227-OHT1T50072.html
「藤井七段『神様にお願いするなら?』どよめき神回答」(日刊スポーツ、２０１９年12月８日)https://www.nikkansports.com/general/nikkan/news/201912080000714.html
「『藤井聡太さんは将棋界の歴史の中でも特異な存在』羽生善治九段語る」(北野新太著、朝日新聞、２０２３年10月20日)https://www.asahi.com/articles/ASRBN61YHRBMUCVL03N.html
「『ジェット機に乗って楽しく旅ができた』藤井聡太七段に敗れた棋士の〝充実感〟」(岡部敬史著、文春オンライン、２０２０年２月16日)https://bunshun.jp/articles/-/34466
「【西武】主砲候補の新助っ人が感じた大谷のすごさ『違う惑星から来た人みたい』」(スポーツ報知、２０２４年２月４日)https://hochi.news/articles/20240204-OHT1T51095.html
「【日本代表】久保建英の何が凄いのか。長友佑都が〝DF目線〟で解説」(サッカーダイジェスト、２０１９年６月10日)https://www.soccerdigestweb.com/news/detail/id=59843
「第１５３回 芥川賞・直木賞 受賞作発表と受賞者会見」(THE PAGE、２０１５年７月16日)https://www.youtube.com/watch?v=23myCmSd4Fs
「テイラー・スウィフト、ファンからのイジメ相談に真剣回答!『他人と違うってことは、特別なこと』とアドバイス」ＴＶグルーヴ、２０１５年１月28日)https://www.tvgroove.com/news/article/ctg/1/nid/20978.html
『「もののけ姫」を読み解く 別冊COMIC BOX vol.2』ふゅーじょんぷろだくと、１９９７年
『宇宙からの帰還』(立花隆著、中央公論社、１９８３年)

最終章

『白洲次郎　占領を背負った男』(北康利著、講談社、２００５年)
『氷川清話』(勝海舟著、江藤淳・松浦玲編、講談社学術文庫、２０００年)
『「あのひとこと」知ってるつもり?!　ことばのアンソロジー』(日本テレビ知ってるつもり編、日本テレビ放送網、２００１年)
『英語達人列伝　あっぱれ、日本人の英語 』(斎藤兆史著、中公新書、２０００年)
『チェ・ゲバラの遥かな旅』(戸井十月著、集英社文庫、２００４年)
『新潮日本文学アルバム 42 内田百閒』(新潮社、１９９３年)

【編集部注】
ここに掲載されたウェブサイトは、削除される可能性があります。

真山 知幸（まやま・ともゆき）

伝記作家、偉人研究家、名言収集家。
1979年兵庫県生まれ。同志社大学卒。業界誌編集長を経て、2020年に独立して執筆業に専念。『偉人名言迷言事典』『逃げまくった文豪たち』『10分で世界が広がる 15人の偉人のおはなし』『賢者に学ぶ、「心が折れない」生き方』など著作多数。『ざんねんな偉人伝』『ざんねんな歴史人物』は累計20万部を突破し、ベストセラーとなっている。名古屋外国語大学現代国際学特殊講義、宮崎大学公開講座などで講師活動も行う。

企画　浪花知子
プロデュース　中野健彦
編集協力　堀田孝之
装幀・ブックデザイン　黒岩二三
編集　関 哲雄

「神回答」大全
人生のピンチを乗り切る著名人の最強アンサー100

2024年4月30日　初版第１刷発行

著　者　真山 知幸
発行者　三井 直也
発行所　株式会社 小学館
〒101-8001 東京都千代田区一ツ橋2-3-1
電　話　編集　03-3230-5951
販売　03-5281-3555
印刷所　萩原印刷 株式会社
製本所　株式会社 若林製本工場

©Tomoyuki MAYAMA 2024 Printed in Japan

ISBN978-4-09-389152-3

造本には十分注意しておりますが、印刷、製本など製造上の不備がございましたら「制作局コールセンター」（フリーダイヤル0120-336-340）にご連絡ください。（電話受付は、土・日・祝休日を除く 9:30〜17:30）
本書の無断での複写（コピー）、上演、放送等の二次利用、翻案等は、著作権法上の例外を除き禁じられています。本書の電子データ化などの無断複製は著作権法上の例外を除き禁じられています。代行業者等の第三者による本書の電子的複製も認められておりません。